W0072002

Ge 14
24.80

Sabine Seyffert (Lieder: Detlev Jöcker)

Im Kribbel Krabbel Mäusehaus

Spiel-, Spaß-, Bastelideen und Lieder für kleine Racker

Illustrationen: Susanne Krauß

Die 14 Lieder dieses Buches gibt es auch auf der
CD / MusiCassette „Im Kribbel Krabbel Mäusehaus",
erhältlich im Buch- und Fachhandel oder beim
Menschenkinder Verlag,
An der Kleimannbrücke 97, 48157 Münster

1. Auflage 1999
Menschenkinder Verlag, 48157 Münster
Alle Rechte vorbehalten. Nachdruck - auch auszugsweise -
nur mit Genehmigung des Verlages.
Druck: Westermann Druck Zwickau GmbH
Redaktion: Jutta Nymphius, Hamburg
Satz und Layout: Pixel's Corner, Münster
Notengrafik: Kuntze-Music, Georgsmarienhütte

Printed in Germany 1999

Die Deutsche Bibliothek - CIP-Einheitsaufnahme

Im Kribbel Krabbel Mäusehaus : Spiel-, Spaß-, Bastelideen und Lieder für
kleine Racker / Sabine Seyffert. (Lieder: Detlev Jöcker). Ill.: Susanne Krauß.
- Münster : Menschenkinder, 1999
ISBN 3-89516-089-X

LIEDER FÜR KLEINE KRABBELMÄUSE

PHANTASIEVOLLES SPIELZEUG ZUM SELBERMACHEN
LUSTIGE KETTEN

INHALTSVERZEICHNIS

ABSCHLIESSENDE TIPPS UND RATSCHLÄGE

WENN ALTES SPIELZEUG LANGWEILIG WIRD

IDEEN ZUM AUFBEWAHREN VON SPIELMATERIAL

VORWORT

Die Idee zu diesem Buch kam mir durch meine beiden (Zwillings-)Töchter, die zu dieser Zeit 18 Monate alt waren (in der Zwischenzeit habe ich eine dritte Tochter bekommen, die nun ihrerseits die ein oder andere Spielidee „beigetragen" hat). Durch sie musste ich immer wieder erfahren, dass das fertige, gekaufte Spielzeug schnell langweilig wird und Kleinkindern wenig Impulse bietet. Selbst das oftmals teure, pädagogisch wertvolle Holzspielzeug verlor für meine Töchter bald jeglichen Reiz. Die meiste Zeit über ruhte es im Regal ...

Anders war das mit von uns selbst hergestelltem Spielmaterial: Dieses fand nicht nur bei unseren Zwillingen großen Anklang, sondern auch in Kindergruppen gab es oft lautes Geschrei, weil jedes Kind zum Beispiel die überaus begehrte Glockenraupe (siehe Seite 53) zum Spielen haben wollte. Bei den hier vorgestellten Bastelvorschlägen oder kinderleichten Spielideen habe ich meist auf Materialien und Dinge zurückgegriffen, die in den meisten Haushalten bereits vorhanden sind und somit nicht eigens gekauft werden müssen. Für manche Anregungen jedoch muss man die ein oder andere Kleinigkeit erstehen. Dennoch sind diese Kosten um ein Vielfaches geringer als der Kaufpreis einer Babyrassel oder eines anderen Spielmaterials!

Ihnen und Ihren Sprößlingen wünsche ich phantasievolles Spielen, Erfahren, Begreifen und Erleben.

Ihre

Sabine Seyffert

KINDERLEICHTE BEWEGUNGSÜBUNGEN

KOMM, STÜTZ DICH AUF

Material:
Ein Gymnastikball

So wird´s gemacht:
Das Kind wird mit dem Bauch auf den Gymnastikball gelegt. Der Erwachsene tritt hinter das Kind, fasst es an den Hüften und rollt es auf dem Ball nach vorn. Das Kind wird nun reflexartig beide Arme vorstrecken, so dass es sich mit den Händen auf dem Boden abstützen kann.

TIPP:
Die Übung kann bereits mit Kindern ab 6 Monate durchgeführt werden. Je schneller das Kind mit dem Ball nach vorn gerollt wird, desto schneller wird der Reflex ausgelöst.
Dies ist eine gute Vorübung zum Krabbeln und Laufen. Denn wenn Ihr Kind später hinfällt, wird es sich so vor einem allzu harten Aufprall schützen können.
Als zusätzlichen Anreiz können Sie Ihrem Kind bei der Übung auch eine Rassel oder ein Stofftier auf den Boden legen, das es mit seinen Händen aufheben soll.

HIN UND HER

Material:
Ein Tisch oder eine Bank

So wird´s gemacht:
Das Kind wird auf den Rand eines Tisches gesetzt und an den Hüften gut festgehalten. Nun schaukelt man es leicht und langsam von der einen Seite auf die andere.

TIPP:
Auch durch diese Übung schulen Sie einen ganz natürlichen Reflex. Das Kind wird sich mit jeweils der Hand auf dem Tisch aufstützen, in deren Richtung es bewegt wird.

VOR UND ZURÜCK

Material:
Ein Gymnastikball

So wird´s gemacht:
Der Erwachsene setzt das Kind vor sich auf den Gymnastikball, so dass sich beide anschauen. Dann hält er das Kind an den Hüften gut fest und rollt den Ball langsam vor und zurück. Auf diese Weise wird der Gleichgewichtssinn trainiert und geschult. Nach Möglichkeit sollte sich das Kind bei dieser Übung nicht am Erwachsenen festhalten. Hier kann es hilfreich sein, ihm ein kleines Spielzeug in die Hand zu geben.

TIPP:
Wenn Ihr Kind mit dieser Übung vertraut ist, können Sie den Ball auch einmal nach rechts und links rollen, im Kreis in die eine und andere Richtung usw.
Auch das Hopsen auf dem Ball macht Kindern riesig Spaß.

ICH KANN FLIEGEN

Material:
Keines

So wird´s gemacht:
Der Erwachsene stellt sich in einen bequemen, sicheren Stand. Dann hebt er das Kind hoch über den Kopf, wobei er es sicher rechts und links fasst. Das Kind wird mit der Zeit lernen, sich wie ein kleiner Flitzebogen anzuspannen und diese Körperspannug eine Weile zu halten!

TIPP:
Besonders viel Spaß macht es den meisten Kindern, wenn man sie nicht nur hochhebt, sondern sie außerdem bewegt, als würden sie wirklich durch die Luft fliegen. Sie können sich mit Ihrem Kind auch im Kreis drehen. Nur sollten Sie ab und zu die Richtung ändern, damit Ihnen beiden nicht schwindelig wird!

SCHUBKARRE

Material:
Keines

So wird´s gemacht:

Das Kind wird bäuchlings auf den Boden gelegt, wobei es beide Hände vor sich aufstützt. Dann hebt man Rumpf und Beine des Kindes leicht an. Am besten wird es knapp unterhalb des Bauchs, etwa in Hüfthöhe, gehalten. So lernt das Kind sich richtig aufzustützen.

TIPP:

Wenn Ihr Kind schon Krabbeln kann, wird es die Krabbelbewegungen auch bei dieser Übung durchführen. Halten Sie in dem Fall Beine und Rumpf so, dass Ihrem Kind genügend Bewegungsfreiheit bleibt und es dennoch vorwärts kommt.

Legen Sie zwischendurch immer mal wieder eine Pause ein. Denn unendlich viel Kraft haben die kleinen Arme noch nicht!

SPANNE DEINEN KÖRPER AN

Material:
Keines

So wird´s gemacht:
Der Erwachsene stellt sich hin und hält das Kind mit dessen Rücken vor seinen Bauch. Die Arma werden vor der Hüfte des Kindes verschränkt. Nun lässt der Erwachsene den Oberkörper des Kindes leicht nach vorn fallen. Auf diese Weise lernt es die Körperspannung zu halten.
Diese Übung kann ruhig einige Male wiederholt werden.

TIPP:
Auch bei dieser Übung sollten Sie immer wieder Pausen einbauen, in denen Ihr Kind den Oberkörper wieder aufrichten und an Ihren Bauch lehnen kann.

HAU RUCK, ZIEH DICH HOCH

Material:
Keines

So wird´s gemacht:
Das Kind legt sich auf den Rücken. Der Erwachsene reicht ihm beide Zeigefinger. Nach diesem kann das Kind greifen und sich aus eigener Kraft hochziehen, bis es sitzt. Dann lässt es sich an den Fingern wieder langsam zurück auf den Boden fallen.
Diese Übung kann dem Kind erleichtert werden, wenn man es nicht ganz bis in Sitzposition hochkommen lässt.

TIPP:
Hier wird die Bauchmuskulatur des Kindes trainiert, die häufig durch vieles Liegen auf dem Bauch oder das Krabbeln vernachlässigt wird.

LUSTIGES KULLERN

Material:
Keines

So wird´s gemacht:
Der Erwachsene setzt sich mit ausgestreckten Beinen auf den Boden. Er legt das Kind quer über seine Beine und kullert es sachte von den Oberschenkeln bis zu den Füßen hinunter. Wenn das Kind daran Gefallen findet, kann man es auch wieder zurück- oder einige Male hin- und herrollen.

TIPP:
Falls es Ihnen lieber ist, können Sie Ihr Kind natürlich auch auf einer Matratze oder einer dicken Matte hin- und herkullern. Besonders viel Spaß macht es Kindern etwa ab dem 12. Monat, wenn sie auf einer leicht schiefen Ebene gerollt werden und es mal bergauf und mal bergab geht.

AUF MEINEN BEINEN FLIEGST DU DURCH DIE LUFT

Material:
Keines

So wird´s gemacht:
Der Erwachsene legt sich der Länge nach auf den Boden und setzt sich das Kind auf seine Beine. Wenn er diese nun hin und her bewegt, wird das Kind sanft geschaukelt und gleichzeitig die Bauchmuskeln des Erwachsenen trainiert!

TIPP:
Sie können auch Ihr Kind auf Ihr Schienbein legen und dann Ihre Beine in Richtung Bauch ziehen. Am besten ist es, wenn Ihr Kind dabei auf dem Bauch liegt und Sie ansehen kann. So kann es hin und her, kreuz und quer durch die Luft fliegen.

Schmusespiele und Massagen

Kuschelecke

Material:
Mindestens eine Decke,
viele Kissen, ein Kuscheltier u.Ä.

So wird´s gemacht:

Dem Kind wird in einer Zimmerecke eine kleine Kuschelecke eingerichtet. Dort kann es sich ein Bilderbuch ansehen, mit seinem Kuscheltier schmusen oder sich einfach nur so in die Decken und Kissen kuscheln.

So hat es jederzeit die Möglichkeit sich zurückzuziehen, um sich auszuruhen und neue Kraft zu tanken. Gerade kleine Kinder brauchen regelmäßige Ruhepausen!

Tipp:

Für eine solche Kuschelecke ist auch das Ballonkissen von Seite 89 sehr gut geeignet!

ALLES IST BUNT

Material:
Ein buntes Seiden- oder Chiffontuch

So wird´s gemacht:
Diese Spielidee lässt sich sowohl im Sitzen als auch im Liegen durchführen. Der Erwachsene nimmt das Tuch und hält es an zwei nebeneinander liegenden Enden fest. Dann lässt er es hoch- und niederschwingen, so dass es sanft und bauschig auf dem Kopf des Kindes landet. Der leichte Luftzug und das weiche Tuch streicheln dabei die Kinderhaut.

TIPP:
Wenn Ihr Kind bei dieser Übung auf dem Boden oder einer Decke liegt, können Sie seinen gesamten Körper mit dem Tuch bedecken und es vom Kopf bis zu den Füßen langsam hinuntergleiten lassen.
Bei Kindern unter einem Jahr sollten Sie nur leicht durchsichtige Tücher verwenden. So kann Ihr Kind Sie immer sehen und bekommt keine Angst.

EINMAL DUNKEL, EINMAL HELL

Material:
Ein Bettlaken

So wird´s gemacht:
Das Kind liegt auf dem Boden. Zwei Erwachsene breiten das Bettlaken über dem Kind aus und halten es an den Enden gut fest. Sie gehen in die Hocke und lassen das Laken in ruhigem, gleichmäßigen Tempo auf- und niedersinken.

TIPP:
Insbesondere kleinere Kinder fühlen sich sicherer, wenn Sie sich mit unter dem Laken verstecken.
Auch sollten Sie nach Möglichkeit ein eingefärbtes oder bunt bemaltes Laken verwenden. So kann etwas Sonnenlicht oder der Strahl einer Lampe die Farben schön schimmern lassen.

DIE FEDER KITZELT

Material:
Eine Feder aus dem Bastelladen

So wird´s gemacht:
Das Kind liegt nur mit einem Body o.Ä. bekleidet auf einer Decke. Der Erwachsene nimmt die Feder und beginnt den Körper des Kindes ganz sacht damit zu streicheln. Dabei sollten die Reaktionen des Kindes einfühlsam und aufmerksam verfolgt werden. Wenn es signalisiert, dass es an einigen Körperstellen nicht berührt werden will, sollte man dies akzeptieren.

TIPP:
Achten Sie auf eine angenehme Raumtemperatur, damit Ihr Kind nicht zu frieren beginnt. Wenn Sie einen Heizstrahler über dem Wickeltisch haben, können Sie diese Übung auch dort durchführen.
Sicherlich möchte Ihr Kind die Feder zunächst einmal anfassen und untersuchen. Vielleicht geben Sie ihm in diesem Fall einfach eine zweite Feder in die Hand, während Sie es mit der ersten streicheln.

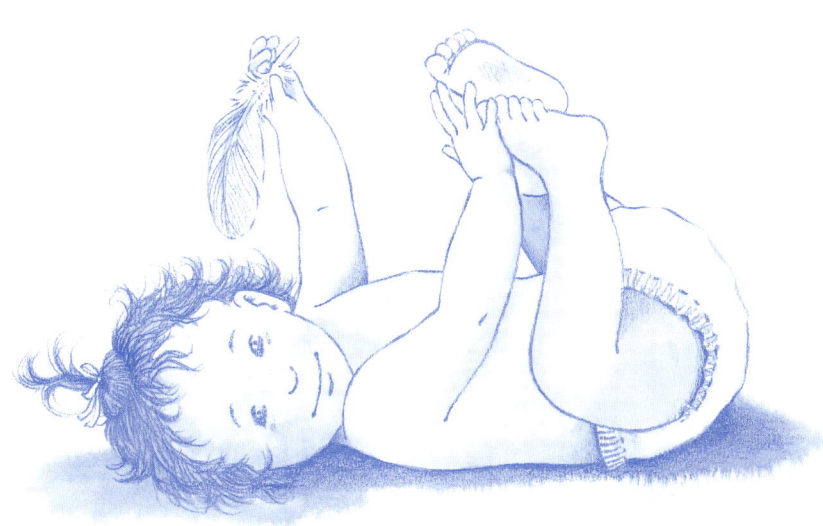

LASS DICH BEMALEN

Material:
Ein sehr weicher, unbenutzter Pinsel
(beispielsweise ein Kosmetik-
oder Rougepinsel)

So wird´s gemacht:
Wenn das Kind bequem und zufrieden auf
einer weichen Decke o.Ä. liegt, beginnt der
Erwachsene es mit dem weichen Pinsel am
Körper zu streicheln. Zunächst fängt man
mit Armen und Beinen an, um zu sehen, wie
das Kind darauf reagiert. Wenn es Gefallen
daran findet, kann man auch seinen Bauch
streicheln und es im Gesicht sanft kitzeln.

TIPP:
Auch bei dieser Idee sollte im Raum eine angenehme Temperatur herrschen. Frieren
darf Ihr Kind auf keinen Fall, schließlich soll
es die Berührungen mit dem Pinsel ge-
nießen können!

EIN AUTO BRUMMT DEN BAUCH HINAUF

Material:
Ein nicht zu kleines
Spielzeugauto aus Holz

So wird´s gemacht:
Der Erwachsene nimmt das Holzauto und
fährt damit vorsichtig und sanft auf dem
Körper des Kindes umher. Das Gesicht sollte dabei allerdings ausgespart werden. Auf
den Armen, Beinen und vor allen Dingen auf
dem Bauch kann das Auto jedoch herrlich
umhersausen!

TIPP:
Wenn Ihr Kind bereits ein Jahr alt oder älter
ist, können Sie sich auch abwechseln. So
kann nach einer Weile Ihr Kind das Auto
nehmen und auf Ihrem Körper umherfahren
lassen.

WENN KLEINE STACHELSCHWEINE WANDERN GEHEN

Material:
Massagebälle oder
-roller mit Noppen
in verschiedenen Größen
und Ausführungen

So wird´s gemacht:

Wieder liegt das Kind auf einer Decke. Dort wird es nun Bekanntschaft mit einem kleinen „Stachelschwein" (den Massagebällen) machen.

Zunächst einmal werden die Hände und Arme und schließlich auch die Beine massiert. Dabei sollten die Bälle wirklich nur ganz sanft über die zarte Kinderhaut gerollt werden. Kräftige Bewegungen und starker Druck wie bei der Erwachsenenmassage sind für Kinder gänzlich ungeeignet!

TIPP:

Geben Sie Ihrem Kind hin und wieder ruhig einen Massageball zum Spielen. Die Bälle lassen sich gut greifen und die Noppen sind für Kinder sehr interessant!

IM HIMMELBETT

Material:
Eine Decke oder
ein reißfestes Bettlaken

So wird´s gemacht:

Die Decke wird auf dem Boden ausgebreitet und das Kind in die Mitte gelegt. Dann fassen zwei Erwachsene je zwei Zipfel und heben die Decke samt Kind an. Nun wird das Kind in seinem „Himmelbett" ganz sanft und gleichmäßig hin und her geschaukelt.

TIPP:

Falls Sie über eine Hängematte verfügen, können Sie Ihr Kind auch darin schaukeln. Dann benötigen Sie auch nicht die Hilfe eines zweiten Erwachsenen.

Lassen Sie Ihr Kind aber keinesfalls unbeaufsichtigt darin liegen, wenn es sich schon drehen oder gar hochziehen kann!

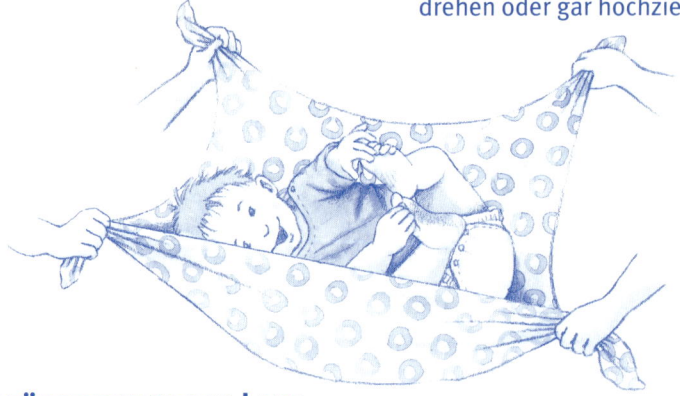

EIN ZUG FÄHRT DURCH DAS LAND

Material:
Eine Decke oder ein großer Bettbezug
(zum Beispiel 135 x 200 cm)

So wird´s gemacht:

Wieder wird die Decke auf dem Boden ausgebreitet und das Kind in die Mitte gesetzt. Der Erwachsene fasst das Tuch an einem Zipfel und zieht das Kind durch den Raum. Je nachdem, wie stabil das Kind schon sitzen kann, kann das Tempo beliebig verändert werden.

TIPP:

Noch mehr Spaß macht es, wenn mehrere Kinder im „Zug" sitzen! Allerdings hat die „Lok" dann auch mehr Gewicht zu ziehen. Natürlich sollte der Zug dann auch die passenden Geräusche machen oder hin und wieder an einem Bahnhof anhalten, damit Fahrgäste ein- oder aussteigen können!

WOHLTUENDE MASSAGE NACH DEM BADEN

Material:
Reines Mandel-, Sonnenblumen-
oder Jojobaöl, ätherisches Rosenöl
aus dem Reformhaus oder Bioladen,
ein lichtundurchlässiges, verschliessbares
Gefäß zum Aufbewahren

So wird´s gemacht:

Auf etwa 30-50 ml Mandelöl werden ein bis zwei Tropfen Rosenöl gegeben und alles gut miteinander vermischt. Nach dem Baden wird die noch warme Kinderhaut gut mit diesem Massageöl eingerieben. Das gibt ihr die Feuchtigkeit zurück, die sie beim Baden verloren hat.

Das Massageöl bewahrt man am besten in einem dunklen Fläschchen auf, das fest verschlossen werden kann.

TIPP:

Sie können Ihr Kind natürlich auch nach dem Wickeln oder beim Umziehen mit diesem Öl massieren. Achten Sie aber stets darauf, dass die Raumtemperatur angenehm ist und Ihr Kind während der Massage nicht friert.

Wenn Sie anstelle des Rosenöls Lavendelöl nehmen, können Sie damit den Bauch Ihres Kindes in kreisförmigen Bewegungen massieren, wenn es unter Blähungen leidet. Lavendel entkrampft! Verwenden Sie in jedem Fall nur 100% naturreine Öle!

Vermeiden Sie kraftvolle Bewegungen oder gar Kneten der Haut. Es ist vollkommen ausreichend, wenn Sie sanft über die Haut des Kindes streichen und das Öl auf diese Weise einmassieren.

EIN TOPF VOLL CREME

Material:
Eine Cremedose oder -tube

So wird´s gemacht:

Jedem Kind sollte einmal das Vergnügen gegönnt werden, mit Creme zu matschen! Dazu setzt man es einfach in einem gut geheizten Raum auf eine Decke und gibt ihm eine Dose mit Creme. Zunächst zeigt man ihm, was man damit macht, indem man etwas Creme nimmt und auf den Kinderkörper streicht. Dann wird das Kind von ganz allein Lust bekommen, damit zu experimentieren!

TIPP:

Sie können Ihrem Kind auch eine Tube mit Creme geben. Das macht nicht ganz soviel „Gematsche", weil das Kind nicht so schnell an neue Creme herankommt.

In jedem Fall ist Ihr Kind nachher reif für die Badewanne. Vielleicht setzen Sie es auch gleich in die noch leere Wanne; dann müssen Sie das kleine „Crememonster" zum Waschen nicht erst durch die halbe Wohnung transportieren!

Spiele rund ums Wasser

Wichtiger Hinweis: Kinder niemals unbeaufsichtigt im und am Wasser spielen lassen!

Ein kleines Schiff fährt auf dem Meer

Material:
Keines

So wird´s gemacht:

Das Kind liegt in der Badewanne. Der Erwachsene hält es so, dass der Oberkörper des Kindes sicher auf seinem Unterarm ruht. Nun wird das Kind ganz leicht durch das Wasser gezogen.

Tipp:

Wenn Ihr Kind an dieser „Schifffahrt" Gefallen findet, können Sie es auch mal etwas schneller hin und her fahren oder vorsichtig auf den „Wellen" schaukeln lassen. Bei Kindern über einem Jahr, die keinerlei Angst vor dem Wasser haben, darf das Schiff auch bei hohem Seegang unterwegs sein!

UNTER DER DUSCHE

Material:
Ein kleiner Spielzeugeimer oder Plastikbecher

So wird´s gemacht:
Wenn das Kind in der Badewanne sitzt, lässt man mit Hilfe eines kleinen Spielzeugeimers ein bisschen Wasser seinen Rücken hinunterlaufen. Auch der Bauch und die Arme dürfen „mitgeduscht" werden, vorausgesetzt, das Kind ist damit einverstanden!

TIPP:
Geben Sie Ihrem Kind währenddessen auch ruhig einen kleinen Becher oder Eimer in die Hand. So kann es sich ebenfalls begießen und ausprobieren, was man mit Wasser noch so alles machen kann.

SPÜR DIE VIELEN REGENTROPFEN

Material:
Ein Frotteewaschlappen

So wird´s gemacht:
Man taucht den Waschlappen ins Wasser und lässt ihn sich gut vollsaugen. Dann wird er so hochgehalten, dass das herauslaufende Wasser auf den Rücken des Kindes tropft. Zunächst wird ein richtiger Regenguss herunterprasseln, der aber nach und nach schwächer wird ...

TIPP:
Wenn Ihr Kind daran Spaß hat, können Sie den Waschlappen auch so halten, dass beispielsweise die Arme oder der Bauch des Kindes mit kleinen „Regentropfen" bedeckt werden.

DER SPRINGBRUNNEN IN DER BADEWANNE

Material:
Keines

So wird´s gemacht:

Man lässt das Wasser aus dem Brauskopf laufen und hält diesen dann mit der Öffnung nach oben unter die Wasseroberfläche. Je nachdem, wir stark man den Hahn aufdreht, entsteht so ein lustiger Springbrunnen, der mal höher und mal niedriger plätschert.

TIPP:

Achten Sie unbedingt darauf, erst einmal die richtige Wassertemperatur einzustellen, bevor der Brauskopf zum „Springbrunnen" wird. Sonst besteht die Gefahr, dass sich Ihr Kind an zu heißem Wasser verbrüht!

LAUTER BUNTE BÄLLE

Material:
Viele Plastikbälle in verschiedenen Farben

So wird´s gemacht:

Die Plastikbälle werden einfach in die mit Wasser gefüllte Badewanne oder das Plantschbecken geschüttet. So kann das Kind zwischen den bunten Bällen baden, sie untertauchen, auf hohen Wellen schaukeln lassen und vieles mehr. Je mehr Bälle die Wasseroberfläche bedecken, desto mehr Spaß macht es natürlich.

TIPP:

Anstelle der kleinen Plastikbälle können Sie auch normale, etwas größere Spielbälle, kleine Plastikfische, Schwimmtiere o.Ä. nehmen.

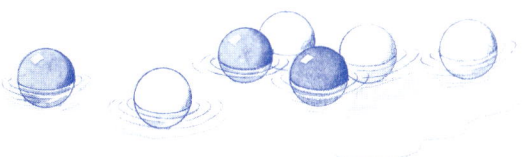

WUNDERSCHÖNE SEIFENBLASEN

Material:
Seifenlauge

So wird´s gemacht:

Das Kind sitzt in der Badewanne und der Ewachsene bläst ihm lauter bunte Seifenblasen zu. Das Kind kann versuchen sie mit der Hand zu fangen oder beobachten, wie sie auf dem Wasser landen. Vielleicht gelingt es ihm auch, eine besonders schöne Seifenblase auf einem feuchten Waschlappen landen zu lassen!

TIPP:

Sie können unbesorgt sein: Die Seifenblasen hinterlassen keinerlei Flecken an der Wand oder auf dem Boden.

PLI, PLA, PLANTSCHEN

Material:
Keines

So wird´s gemacht:

Beim Baden lässt man das Kind einmal ausgiebig plantschen: mit den Händen auf das Wasser patschen, mit den Beinen strampeln, das Wasser mit Hilfe der Füße hochspritzen lassen usw. Selbst wenn etwas Wasser über das „Ufer" tritt, lässt sich dieser „Schaden" im Bad doch schnell und problemlos wieder beseitigen!

TIPP:

Motivieren Sie Ihr Kind, indem Sie mitplantschen. Dabei können Sie selbst mit in der Badewanne sitzen oder auch davorhocken und mit Ihren Händen und Armen mithelfen. Für Ihr Kind wird das sicherlich ein großes Erlebnis sein!

KLEINE RÜCKENMASSAGE

Material:
Ein Frotteewaschlappen

So wird´s gemacht:
Der Waschlappen wird in das warme Wasser getaucht und etwas ausgedrückt. Nun kann man mit ihm den Rücken des Kindes abrubbeln und leicht massieren. Dabei sollte das Kind beobachtet werden, ob ihm diese „Massage" gefällt und angenehm ist. Es können ruhig verschiedene Bewegungen ausprobiert werden, die mal etwas langsamer und mal etwas schneller sein dürfen.

TIPP:
Wenn Ihr Kind gern berührt wird, können Sie mit dem Waschlappen auch den restlichen Körper massieren.

ZWISCHEN VIELEN LUFTBALLONS

Material:
Zahlreiche bunte, nicht zu große Luftballons, evtl. eine Luftballonpumpe

So wird´s gemacht:
In die Ballons wird ein kleines bisschen Wasser gefüllt. Auf diese Weise werden sie etwas schwerer und können so besser im Wasser schwimmen. Dann pumpt oder bläst man etwas Luft in die Ballons. Schließlich werden sie gut zugeknotet und auf dem Badewasser verteilt.

TIPP:
Nach dem Baden können Sie die einmal präparierten Ballons bis zum nächsten Mal übrigens gut in einem kleinen Wäschekorb o.Ä. aufbewahren!

WENN ICH DIE BLUMEN GIESSE

Material:
Eine kleine Spielzeuggießkanne aus Plastik

So wird´s gemacht:
Das Kind nimmt seine Spielzeuggießkanne mit in die Wanne, füllt sie mit Wasser und schüttet dieses auf die „Blumenbeete". Vielleicht mag es selbst eine Blume sein und sich begießen?

TIPP:
Die kleinen Luftballons aus der vorherigen Spielidee können hier die bunten Blumen darstellen. So kann sich Ihr Kind besser vorstellen die Blumen mit Wasser zu versorgen!

SCHÖPFKELLE, SCHNEEBESEN UND EIN SIEB

Material:
Ungefährliche Küchenutensilien (beispielsweise Schöpfkelle, Suppenkelle, Schneebesen, Siebe in verschiedenen Größen, Eierlöffel aus Plastik, kleinere Töpfe mit Deckel u.Ä.)

So wird´s gemacht:
Beim Baden wird dem Kind etwas ganz Besonderes zum Spielen gegeben: Utensilien aus der Küche. Damit kann man herrlich das Wasser aufschäumen, es verquirlen oder in einem Topf kochen und anderes mehr!

TIPP:
Achten Sie bei den Töpfen darauf, dass diese wirklich nicht zu groß sind. Denn sonst wird sich bald das meiste Wasser neben der Wanne befinden. Wenn Ihr Kind das Badewasser nicht trinkt, können Sie auch Badezusatz zugeben, damit es besser schäumt.

LIEDER FÜR KLEINE KRABBELMÄUSE

IM KRIBBEL KRABBEL MÄUSEHAUS

Text und Musik: Detlev Jöcker

Refrain:
Im Kribbel Krabbel Mäusehaus,
da geht es rauf und runter.
Und jeder, der noch müde ist,
wird dabei ganz schnell munter.

2. Die Mäuse wollen springen
   hin und her.
   Komm, mach auch mit,
   denn das ist gar nicht schwer.

Refrain:
Im Kribbel Krabbel Mäusehaus ...

3. Die Mäuse woll'n sich drehen
   hin und her.
   Komm, mach auch mit,
   denn das ist gar nicht schwer.

Refrain:
Im Kribbel Krabbel Mäusehaus ...

4. Die Mäuse woll'n sich schwingen
hin und her.
Komm, mach auch mit,
denn das ist gar nicht schwer.

Refrain:
Im Kribbel Krabbel Mäusehaus ...

5. Die Mäuse wollen tanzen
hin und her.
Komm, mach auch mit,
denn das ist gar nicht schwer.

Refrain:
Im Kribbel Krabbel Mäusehaus ...

SEHT, WAS MEINE FINGER MACHEN

Text: Heinz Beckers / Musik: Detlev Jöcker

Refrain:
Seht, was meine Finger machen,
langsam und geschwind.
Wickel wackel wickel wackel,
das kann jedes Kind.

2. Der zweite Finger wackelt sehr
   und holt sich schnell den dritten her,
   und holt sich und holt sich
   holt schnell den dritten her.

3. Der vierte schaut in aller Ruh'
   als Zeigefinger allen zu,
   als Zeigefinger, als Zeigefinger,
   als Zeigefinger zu.

4. Der Daumen kommt noch angesaust,
   ach, lasst mich doch in eure Faust,
   ach, lasst mich, ach, lasst mich,
   lasst mich in eure Faust.

Refrain: Seht, was meine Finger machen ...

Spielanleitung:
Der Erwachsene hält eine Hand des Kindes
und fasst den besungenen Finger an. Bei
„langsam ..." bewegt er den Finger langsam, bei „... und geschwind" bewegt er den
Finger schnell hin und her.

AUF EINEM DECKEN-RUTSCH-MOBIL

Text: Lore Kleikamp / Musik: Detlev Jöcker

Auf ei - nem De - cken - Rutsch - Mo - bil sitzt un - ser Kind und lacht. Weil's auf dem De - cken - Rutsch - Mo - bil jetzt ei - ne Rei - se macht. Brumm brumm brumm brumm brumm brumm brumm, so fährt das Rutsch - Mo - bil he - rum.

2. Auf einem Decken-Rutsch-Mobil
   fährt's in die weite Welt.
   Weil's auf dem Decken-Rutsch-Mobil
   dem Kind so gut gefällt.
   Brumm brumm brumm brumm
   brumm brumm brumm,
   so fährt das Rutsch-Mobil herum.

3. Oh weh! Das Decken-Rutsch-Mobil
   macht gar nicht mehr „Brumm brumm!"
   Es fährt nur langsam, ruckelt sacht,
   gleich fällt das Kindchen um.
   Brumm brumm brumm brumm
   brumm brumm brumm,
   oh, weh, gleich fällt das Kindchen um.

Spielvorschlag:
Das Decken-Rutsch-Mobil ist eine Decke,
auf der das Kind über den Boden gezogen
wird.

AUF EINER INSEL WEIT IM MEER

Text: Lore Kleikamp / Musik: Detlev Jöcker

Refrain:
Auf einer Insel weit im Meer,
im schönen Tika-Land,
begrüßt man sich ganz sonderbar.
Man gibt sich nicht die Hand.

2. Am Dienstag ist im Tika-Land
   die Schulter an der Reih.
   Man stupst sich damit sachte an
   und sagt ganz freundlich: „Hei!"

Refrain:
Auf einer Insel weit im Meer ...

3. Am Mittwoch ist im Tika-Land
   ein Finger an der Reih.
   Man stupst sich damit sachte an
   und sagt ganz freundlich: „Hei!"

Refrain:
Auf einer Insel weit im Meer ...

4. Am Donnerstag ist im Tika-Land
   das Bäuchlein an die Reih.
   Man stupst sich damit sachte an
   und sagt ganz freundlich: „Hei!"

Refrain:
Auf einer Insel weit im Meer ...

5. Am Freitag ist im Tika-Land
   der Popo an der Reih.
   Man stupst sich damit sachte an
   und sagt ganz freundlich: „Hei!"

Refrain:
Auf einer Insel weit im Meer ...

6. Am Samstag sind im Tika-Land
   die Füße an der Reih.
   Man stupst sich damit sachte an
   und sagt ganz freundlich „Hei!"

Refrain:
Auf einer Insel weit im Meer ...

7. Am Sonntag ist im Tika-Land
   was and'res an der Reih.
   Man nimmt sich feste in den Arm
   und sagt ganz freundlich: „Hei!"

DIE ENGEL WERDEN GESCHAUKELT

Musik: Detlev Jöcker

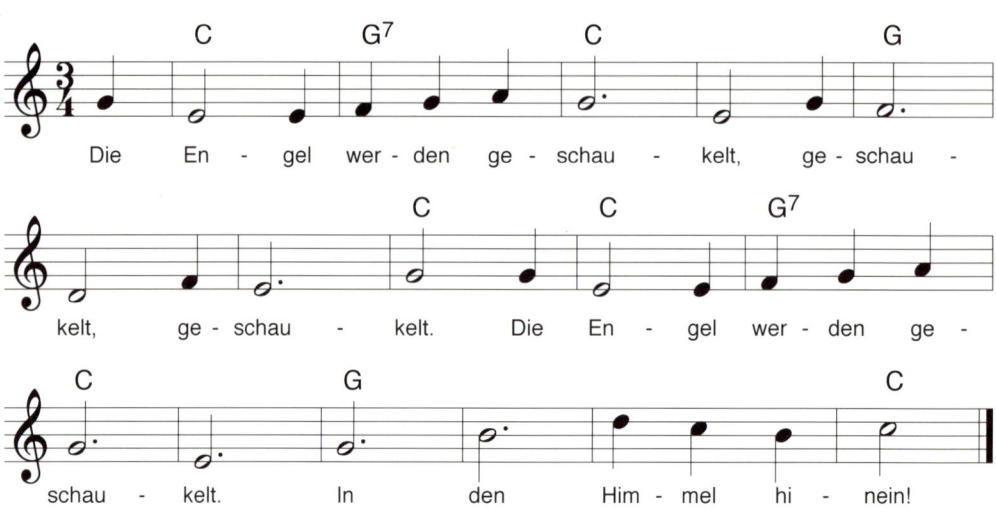

Die En - gel wer - den ge - schau - kelt, ge - schau -

kelt, ge - schau - kelt. Die En - gel wer - den ge -

schau - kelt. In den Him - mel hi - nein!

Spielvorschlag:

- Die Engel werden geschaukelt.

- In den Himmel hinein!

▶ *- Eine feste Decke wird auf dem Boden ausgebreitet. Das Kind legt sich hinein. Mehrere Erwachsene (mindestens zwei) fassen den Rand der Decke und heben sie einige Zentimeter an -*

▶ *- Die Decke leicht und vorsichtig hin und her bewegen.*

▶ *- Die Decke ein wenig nach oben bewegen und danach behutsam auf den Boden legen.*

HEUTE WASCHE ICH DEIN HAAR

Text: Heinz Beckers / Musik: Detlev Jöcker

1. Sind auch die Kin-der noch so klein, ja, Haa-re wa-schen,
das muss sein. Hey, das klappt ja wun-der-bar. Heu-te wa-sche,
heu-te wa-sche, heu-te wa-sche ich dein Haar. ich dein Haar.

2. Sanft schäume ich dein Köpfchen ein.
So kommt nichts in die Augen rein.
Hey, das klappt ja wunderbar.
Heute wasche, heute wasche,
heute wasche ich dein Haar.

3. Gleich kommt ein Regen, hör mal zu,
mach ganz fest deine Augen zu.
Hey, das klappt ja wunderbar.
Heute wasche, heute wasche,
heute wasche ich dein Haar.

4. Der Föhn macht einen warmen Wind,
damit die Haare trocken sind.
Hey, das klappt ja wunderbar.
Heute wasche, heute wasche,
heute wasche ich dein Haar.

MEIN TEDDY IST EIN GUTER FREUND

Text: Heinz Beckers / Musik: Detlev Jöcker

1. Mein Ted-dy ist ein gu-ter Freund, er schaut mir im-mer zu. Mal drück ich ihn, dann macht er "Brumm". Mal will er sei-ne Ruh'. Und wenn er ein-mal trau-rig ist? Dann nehm ich ihn in mei-nen Arm, denn ich hab ihn so gern. Wir ki-ka-ku-ka-ku-scheln dann und las-sen uns nicht stör'n.

2. Der Purzel, unser kleiner Hund
springt gerne um das Haus.
Er bellt, wenn er die Leine sieht,
dann weiß er, gehn wir aus.
(Sprechen)
Und wenn er einmal traurig ist?
(Singen)
Dann nehm ich ihn in meinen Arm,
denn ich hab ihn so gern.
Wir ki-ka-ku-ka-kuscheln dann
und lassen uns nicht stör'n.

3. Der Peter ist mein Schmusekater,
der schläft immer gern.
Und wenn ich dann ganz leise bin,
kann ich sein Schnurren hör'n.
(Sprechen)
Und wenn er einmal traurig ist?
(Singen)
Dann nehm ich ihn in meinen Arm,
denn ich hab ihn so gern.
Wir ki-ka-ku-ka-kuscheln dann
und lassen uns nicht stör'n.

DER FRECHE ZEIGEFINGER

Text: Lore Kleikamp / Musik: Detlev Jöcker

1. Der fre-che Zei-ge-fin-ger will heut spa-zie-ren gehn, ___ fängt o-ben an der Stirn ___ an und läuft bis zu den Zeh'n. Er be-sucht die Au-gen, den Mund, die Na-se auch. Doch wo soll er sich aus-ruh'n? Am

1. bes-ten auf dem Bauch!

2. A bes-ten auf dem Bauch!

2. Der freche Zeigefinger will heut spazieren gehn,
   fängt oben an der Stirne an
   und läuft bis zu den Zeh'n.
   Er besucht die Bäckchen,
   das Kinn, die Ohren auch.
   Doch wo soll er sich ausruh'n?
   Am besten auf dem Bauch!

3. Der freche Zeigefinger will heut spazieren gehn,
   fängt oben an der Stirne an
   und läuft bis zu den Zeh'n.
   Er besucht die Schulter,
   den Arm, das Händchen auch.
   Doch wo soll er sich ausruh'n?
   Am besten auf dem Bauch!

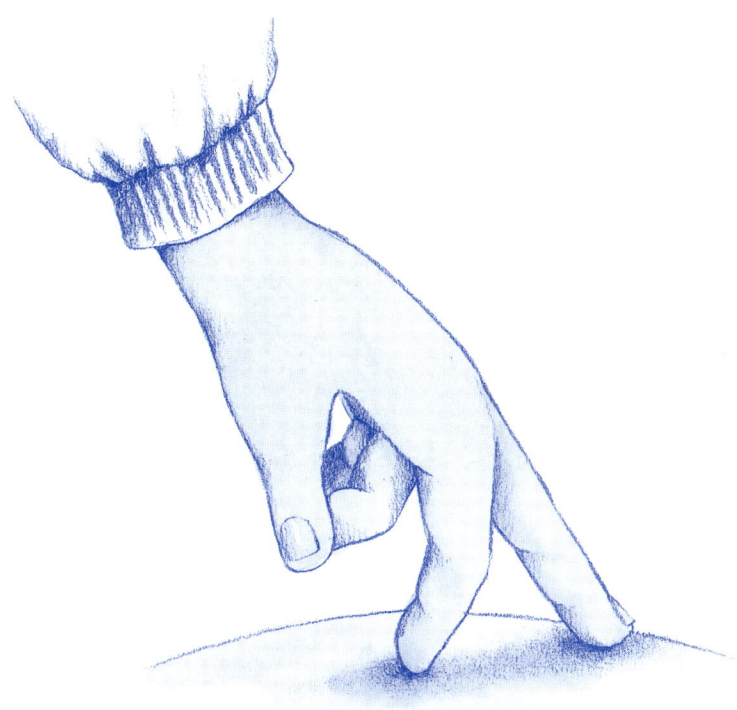

4. Der freche Zeigefinger will heut spazieren gehn,
   fängt oben an der Stirne an
   und läuft bis zu den Zeh'n.
   Er besucht den Rücken,
   den Po, die Seiten auch.
   Doch wo soll er sich ausruh'n?
   Am besten auf dem Bauch!

5. Der freche Zeigefinger will heut spazieren gehn,
   fängt oben an der Stirne an
   und läuft bis zu den Zeh'n.
   Er besucht die Beine,
   die Knie, die Füße auch.
   Doch wo soll er sich ausruh'n?
   Am besten auf dem Bauch!

43

KOMM EINMAL HER

Text: Lore Kleikamp / Musik: Detlev Jöcker

Komm ein-mal her! Komm ein-mal her! Komm ein-mal her, mein Schatz! Komm ein-mal her! Komm ein-mal her! Wir ma-chen jetzt Ra-batz! Jetzt tra-ge ich dich hu-cke-pack, du bist ein di-cker schwe-rer Sack. Komm her! Komm her! Komm her, mein klei-ner Schatz.

Refrain:
Komm einmal her!
Komm einmal her!
Komm einmal her, mein Schatz!
Komm einmal her!
Komm einmal her!
Wir machen jetzt Rabatz!

2. Ich werf dich in die Luft hinauf
und fang dich sicher wieder auf.
Komm her! Komm her!
Komm her, mein kleiner Schatz!

Refrain: Komm einmal her! ...

3. Jetzt schwinge ich dich, dideldum,
ganz hoch und weit im Kreis herum.
Komm her! Komm her!
Komm her, mein kleiner Schatz!

Refrain: Komm einmal her! ...

4. Komm durch die Beine auf und ab!
   Doch jetzt ist Schluss, ich bin ganz schlapp!
   Komm her! Komm her!
   Komm her, mein kleiner Schatz!

Spielvorschlag:
Die Strophen geben die Spielweise an. Bei der dritten Strophe legt der Erwachsene seine Arme unter die Achseln des Kindes und faltet seine Hände vor dessen Brust. Mit dem gleichen Griff schwenkt er das Kind in der vierten Strophe durch seine gegrätschten Beine.

ALLE MEINE FINGERLEIN

Text und Musik: Detlev Jöcker

Spielvorschlag:

- Alle meine Fingerlein wollen heute fleißig sein.
  ➤ - Die Hand des Kindes halten und leicht mit den Fingern in seine Handinnenfläche patschen -

- Der Daumen ... der Zeigefinger ... der Mittelfinger ... der Ringfinger ...
  ➤ - Den Finger fassen und ihn hin und her bewegen -

- Der letzte Finger ruft: „Oh nein! Zum Arbeiten bin ich zu klein!"
  ➤ - Rhythmisch mit dem Finger auf die besungenen Finger des Kindes tippen -

BIST DU MÜDE, KLEINE MAUS?

Text: Lore Kleikamp / Musik: Detlev Jöcker

1. Bist du mü - de, klei - ne Maus? Komm zu
mir und ruh dich aus. Ku - schel dich ganz
weich und warm in mei - nen Arm. Ku - schel
dich ganz weich und warm in mei - nem Arm.

2. Wiege dich nun hin und her
   wie ein Schiffchen auf dem Meer,
   wenn der Wind zur Ruhe geht und nicht
   mehr weht,
   wenn der Wind zur Ruhe geht
   und nicht mehr weht.

3. Streichle dir sehr sanft und leis
   deine Bäckchen und ich weiß:
   Liegst so gern in meinem Arm,
   ganz weich und warm.
   Liegst so gern in meinem Arm,
   ganz weich und warm.

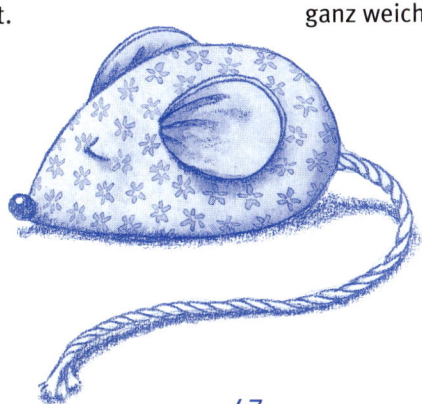

47

OH SCHRECK, OH SCHRECK

Text: Lore Kleikamp / Musik: Detlev Jöcker

1. Oh Schreck, oh Schreck. Dein Näs-chen, das ist plötz-lich weg. Oh Schreck, oh Schreck. Dein Näs-chen, das ist weg.

Wo-hin ist es nur ver-schwun-den? Wo-hin? Wo? froh! Hur-
Ja, da hab ich es ge-fun-den. Ich bin

ra, hur-ra! Nun ist dein Näs-chen wie-der da! Hur - da.

2. Oh Schreck, oh Schreck!
   Dein Öhrchen, das ist plötzlich weg!
   Oh Schreck, oh Schreck!
   Dein Öhrchen, das ist weg!
   Wohin ist es nur verschwunden?
   Wohin? Wo?
   Ja, da hab ich es gefunden!
   Ich bin froh!
   Hurra, hurra!
   Nun ist dein Öhrchen wieder da.
   Hurra, hurra!
   Nun ist dein Öhrchen da.

3. Oh Schreck, oh Schreck!
   Dein Mündchen, das ist plötzlich weg ...

4. Oh Schreck, oh Schreck!
   Dein Bäckchen, das ist plötzlich weg ...

Spielanleitung:

Mit einer schnellen Handbewegung wird über das besungene Körperteil des Kindes gewischt. Die Hand verschwindet dann hinter dem Rücken. Bei „Ja, da hab ich es gefunden!" wird die Hand hinter dem Rücken wieder hervorgeholt und das besungene Körperteil kurz damit angetippt.

WENN KLEINE RACKER FLITZEN

Text: Lore Kleikamp / Musik: Detlev Jöcker

1. Wenn klei - ne Ra - cker sit - zen, dann woll'n sie auch mal flit - zen. Dann ren - nen sie ganz ein - fach los. Das macht viel Spaß und klappt fa - mos. Doch plötz - lich ma - chen sie sich klein und wol - len al - le Mäus - chen sein.

2. Wenn kleine Racker sitzen,
dann woll'n sie auch mal flitzen.
Dann hüpfen sie ganz einfach los.
Das macht viel Spaß und klappt famos.
Doch plötzlich machen sie sich klein
und wollen alle Mäuschen sein.

3. Wenn kleine Racker sitzen,
dann woll'n sie auch mal flitzen.
Dann fliegen ...

4. Wenn kleine Racker sitzen,
dann woll'n sie auch mal flitzen.
Dann springen ...

5. Wenn kleine Racker sitzen,
dann woll'n sie auch mal flitzen.
Dann schleichen ...

Spielvorschlag:
Alle Kinder sitzen verteilt im Raum. Dann rennen sie los. „Doch plötzlich machen sie sich klein..." gehen sie in die Hocke, führen die Fingerkuppen ihrer Zeigefinger zusammen und bilden damit vor ihrer Nase eine „Mäusenase".

UNSRE GLOCKEN SCHWINGEN

Text und Musik: Detlev Jöcker

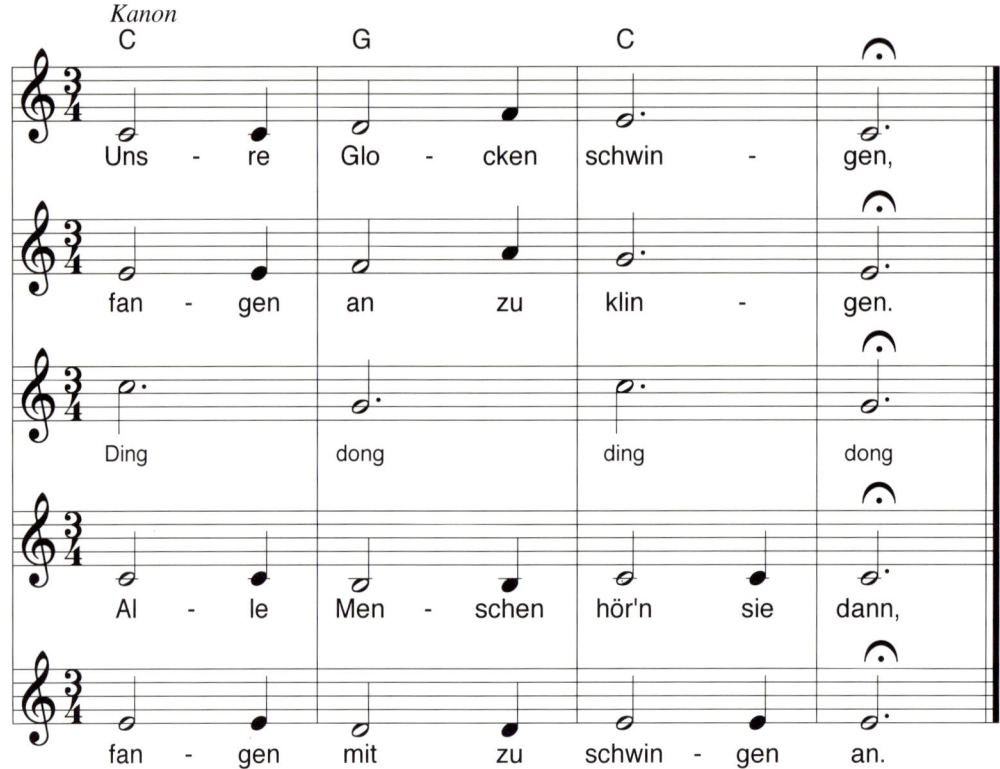

Spielvorschlag:
Das Kind rittlings auf den Schoß setzen,
festhalten und wie eine Glocke hin und her
schwingen.

Phantasievolles Spielzeug
zum Selbermachen

Lustige Ketten

Stöbern in der Knopfkiste

Material:
Ein reißfester Schnürsenkel
oder Lederschnur aus dem Bastelgeschäft,
zahlreiche Knöpfe in verschiedenen Größen,
Formen und Farben

So wird´s gemacht:
Auf den Schnürsenkel oder die Lederschnur werden die unterschiedlichsten Knöpfe aufgefädelt. Es sollten so viele sein, dass eine Halskette entsteht, die sich das Kind bequem umhängen kann.

Tipp:
Die Knöpfe sollten möglichst dicht aufgefädelt werden. Falls Ihre Knopfkiste nicht ausreichend Material hergibt, können Sie auch ein Armband oder eine Rassel basteln. Letztere sollte dann aber mindestens so groß sein, dass Ihr Kind problemlos hineingreifen und damit rasseln und klappern kann.

KASTANIENKETTE

Material:
Kordel, Handbohrer, Kastanien

So wird´s gemacht:

In die Kastanien werden mit Hilfe des Handbohrers Löcher gebohrt, durch die anschließend die Kordel gezogen wird. Wenn man genug Kastanien aufgefädelt hat, verschließt man die Kette mit einigen festen Knoten.

TIPP:

Da die Kleinen die Kette auch mit dem Mund erkunden werden, können Sie die Kastanien, wenn Sie möchten, vor dem Basteln mit etwas warmem Wasser und einem Tuch abwaschen. Dann aber müssen sie noch einen Tag auf der Heizung getrocknet werden, damit sie nicht anfangen zu schimmeln.

MEINE GLOCKENRAUPE

Material:
Lederschnur, einige kleine Glöckchen,
bunte Perlen, einige Schraubdeckel
(beispielsweise von Milchflaschen
oder Babykost-Gläschen),
wasserfester Lackstift,
Hammer und Nagel

So wird´s gemacht:

Die Schraubdeckel werden zunächst ge-
säubert und abgetrocknet. Mit Hilfe von
Hammer und Nagel bohrt man nun in die
Mitte jedes einzelnen Deckels ein kleines
Loch. Auf die Lederschnur wird eine Perle
gezogen, die an beiden Seiten mit je einem
festen Knoten fixiert wird. Dahinter fädelt
man einen Schraubdeckel auf, wieder eine
Perle, ein Glöckchen, eine Perle und dann
erneut einen Schraubdeckel usw., bis die
Glockenraupe lang genug erscheint. Jedes
aufgefädelte Teil wird mit 2 Knoten befestigt. Eine kleine Perle bildet das „Hinterteil"
und schließt die Glockenraupe ab. Auf den
„Kopf" kann mit dem Lackstift noch ein Gesicht gemalt werden. Dieser sollte aber unbedingt wasserfest sein, da gerade kleinere
Kinder von etwa 5-6 Monaten das Spielmaterial mit Vorliebe in den Mund nehmen!

TIPP:

Die Größe der Perlen richtet sich nach dem
Umfang der Deckel. Wenn Sie nur kleinere
Perlen zur Verfügung haben, können Sie
auch zwischen den Schraubdeckeln mehr
als immer nur 2 Perlen auffädeln. Entscheiden Sie selbst, wie die Glockenraupe am
besten aussieht.

Achten Sie bitte unbedingt darauf, dass die
Deckel, Perlen und Glöckchen eng gefädelt
und so verknotet werden, dass keine Lücke
bleibt. Nur dann kann verhindert werden,
dass sich die Kinder an dem etwas scharf-
kantigen Bohrloch in den Deckeln wehtun!

KORKEN, PERLEN UND NOCH MEHR

Material:
Lederschnur,
saubere, trockene Flaschenkorken,
Kronkorken, bunte Perlen,
Hammer und Nagel, Messer

So wird´s gemacht:
Mit Hammer und Nagel wird in jeden Kronkorken ein kleines Loch gebohrt. Die Flaschenkorken schneidet man mit Hilfe eines scharfen Messers in dicke und dünne Scheiben und bohrt mit dem Nagel ebenfalls kleine Löcher hinein. Nun werden Korken und Perlen auf die Lederschnur gefädelt und diese mit 2 festen Knoten gut verschlossen.

TIPP:
Sie können noch weitere, unterschiedliche Materialien auf diese Kette fädeln, zum Beispiel bunte Federn, Glöckchen, runde Holzscheiben o.Ä. Achten Sie aber unbedingt darauf, dass das Material keine scharfen Kanten o.Ä. aufweist!

NUDELALLERLEI

Material:
Kordel oder Lederschnur,
verschiedene Nudelsorten mit Loch

So wird´s gemacht:
Eine schnell hergestellte und doch reizvolle Kette: Die Nudeln werden einfach auf die Schnur gefädelt, fertig! Es eignen sich beispielsweise Rigatoni, Hörnchennudeln und Tortellini.

TIPP:
Diese Kette ist zwar nicht zum Verzehr gedacht, doch brauchen Sie sich auch keine Gedanken zu machen, falls Ihr Kind einmal etwas davon verschluckt.
Um die Kette für Kinderaugen noch interessanter zu gestalten, können Sie auch etwas Buntes mitauffädeln, zum Beispiel Holzperlen, kleine Filzstücke oder Kreise aus festem Moosgummi.

DER HUND, DER BELLT, DIE KATZ´ MIAUT

Material:
Bunte, etwa 6-8 cm große Holzfiguren,
Handbohrer, ungefärbte Holzperlen,
Lederschnur

So wird´s gemacht:
Mit Hilfe des Handbohrers werden die bunten Holzfiguren mit kleinen Löchern versehen. Am besten bohrt man diese seitlich durch die Figuren, damit man deren Form auch nach dem Auffädeln noch erkennen kann. Zwischen die Figuren werden außerdem etwa 5-6 Holzperlen gefädelt. Schließlich bindet man die Lederschnur durch feste Knoten zu einer Kette zusammen.

TIPP:
Solche Holzfiguren bekommen Sie in jedem Spielwarenladen. Es gibt sie als Menschen, Tiere, Bäume, Autos u.Ä.
Achten Sie darauf, dass diese Figuren nicht zu eng aneinander gereiht werden, sonst kann Ihr Kind sie nicht mehr so gut wahrnehmen. Aus diesem Grund empfiehlt es sich auch, die jeweiligen Figuren durch ungefärbte Perlen zu trennen. Falls Sie keine solchen Perlen bekommen, sollten Sie sich für eine einzige Farbe entscheiden.

WELCHER SCHLÜSSEL IST DAS BLOSS?

Material:
Kordel oder dicker Lederriemen,
zahlreiche alte Schlüssel

So wird´s gemacht:
Auf die Kordel oder den Lederriemen werden unterschiedliche alte Schlüssel gezogen. Wie das klirrt und rasselt!

TIPP:
Achten Sie darauf, dass Sie die Schlüssel
wirklich festknoten und Ihr Kind sie nicht
von der Schnur lösen kann. Wenn es Ihnen
sicherer erscheint, können Sie auch einen
richtigen Schlüsselanhänger verwenden.

Zauberhafte Mobiles

Viele bunte Luftballons

Material:
Luftballons in verschiedenen Formen,
Größen und Farben, Schere,
Stecknadeln, Nylongarn

So wird´s gemacht:
Die Luftballons werden aufgeblasen und
fest zugeknotet. Dann bindet man einen Nylonfaden an den Knoten und befestigt diesen mit Hilfe einer Stecknadel an der Zimmerdecke. Im Nu baumeln dort viele bunte
Luftballons, die sich im Luftzug munter bewegen.

Tipp:
Mobiles werden am besten dort aufgehängt, wo das Kind häufig liegt, beispielsweise über dem Bett oder der Wickelkom-
mode. So hat es immer etwas anzuschauen.
Hängen Sie die Mobiles stets so hoch, dass
Ihr Kind nicht an sie herankommen und sie
herunterreißen kann. Achten Sie auch darauf, dass die Nadeln, mit denen das Mobile befestigt ist, sicher und fest genug in der
Zimmerdecke stecken.

IM TIEFEN BLAUEN MEER

Material:
Wattekugeln, Abtönfarbe, Pinsel,
buntes Krepppapier, Muscheln, Nylongarn,
Nadeln, Schere, Pappkarton, Klebstoff, etwas Sand

So wird´s gemacht:

All die Dinge, die an das Meer und den Strand erinnern, können für dieses Mobile gebastelt werden. An bemalte Wattekugeln werden bunte Krepppapierstreifen geklebt, und schon sind kleine Quallen entstanden. Aus dem Papp- oder Fotokarton können Seesterne ausgeschnitten werden. Diese bestreicht man noch mit Klebstoff und schüttet etwas Sand darauf.

Die Muscheln kann man auf das Nylongarn fädeln und so kleine „Muschelketten" herstellen, die von der Zimmerdecke herunterhängen und sich in der Luft drehen.

Der Phantasie kann freier Lauf gelassen werden. Und schon bald wird sich die Zimmerdecke in ein tiefes blaues Meer verwandeln!

TIPP:

Zaubern Sie auch noch das Wasser hinzu: Befestigen Sie blaues Krepppapier, Tüll oder ein blau gefärbtes Bettlaken mit kleinen Nadeln oder einem Tacker an der Zimmerdecke, und zwar so, dass kleine „Wellen" entstehen. An dieses Tuch hängen Sie dann die gebastelten Dinge.

TANZENDE FEDERN

Material:
Ein kleiner Zweig,
ein Haken für die Zimmerdecke,
bunte Federn aus dem Bastelladen,
Nylongarn, Schere

So wird´s gemacht:

Zunächst wird der Zweig mit dem Haken an der Zimmerdecke befestigt. Dann knotet man an jede Feder einen Nylonfaden und bindet diesen an den Zweig. Die sehr leichten Federn „tanzen" und drehen sich in jedem noch so kleinen Luftzug.

TIPP:

Lassen Sie den Zweig an der Decke hängen, dann können Sie ihn immer wieder mit neuen Dingen dekorieren und gestalten.

Wenn Sie die Federn anstatt an dem Zweig an hölzernen Schaschlikstäben befestigen, kommen sie noch besser zur Geltung. Allerdings erfordert dies einige Geduld, weil alles sorgfältig ausgewogen werden muss, damit es nicht schief hängt.

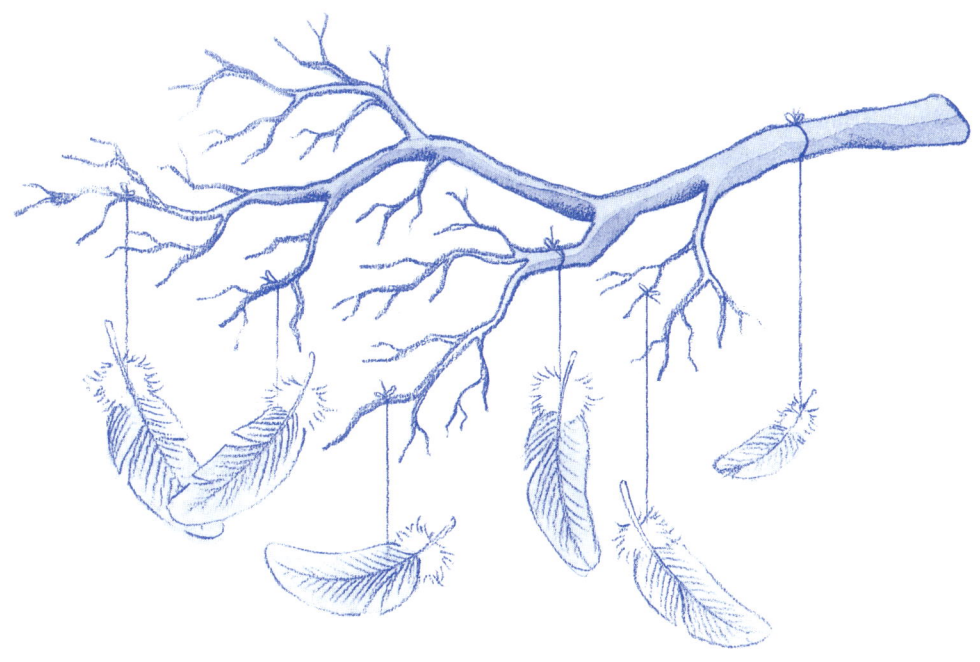

UNTERM STERNENHIMMEL

Material:
Ein Moskitonetz,
ein Haken für die Zimmerdecke,
eine Lichterkette

So wird´s gemacht:

Mit dem Haken wird das Moskitonetz genau über dem Wickeltisch befestigt. Dort hinein hängt man die Lichterkette. Wenn das Kind nun gewickelt wird, liegt es unter dem „Sternenhimmel" und kann die glitzernden „Sternchen" betrachten.

TIPP:

Wickeln wird dann schwierig, wenn die Kinder nicht mehr ruhig liegen bleiben. Dann hilft solch ein Sternenhimmel, der ablenkt und beruhigt. Um diese Stimmung weiter zu fördern, können Sie immer während des Wickelns meditative Musik für Kinder leise im Hintergrund laufen lassen. So wird das Wickeln zu einem kleinen Erlebnis!

Wenn Sie gern basteln, können Sie beispielsweise aus Tonkarton kleine Sternchen ausschneiden und diese zusätzlich unter das Moskitonetz hängen. Oder aber Sie sägen aus Sperrholz kleine Sternchen und einen Mond aus, die Sie anschließend lackieren. Solche Holzsterne kann man auch häufig in Spielzeugläden fertig kaufen.

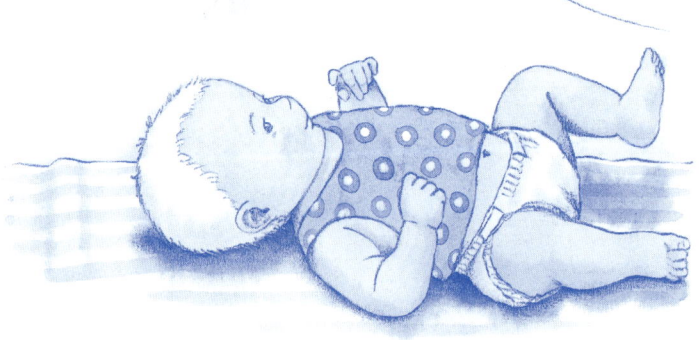

ZAUBERKUGELN

Material:
Plastikkugeln zum Füllen aus dem Bastelladen,
Füllmaterial (beispielsweise Glimmer,
Glöckchen, bunte Perlen, Konfetti o.Ä.),
Nylonschnur, kleine Haken

So wird´s gemacht:
Man füllt jede Kugel mit einem anderen Material. Diese „Zauberkugeln" werden verschlossen und mit Nylonschnur und Haken an der Zimmerdecke befestigt.

TIPP:
Füllen Sie die Zauberkugeln hin und wieder mit einem neuen Material. So bleiben sie für Ihr Kind immer interessant. Wenn Sie die Kugeln fest verkleben, können Sie sie Ihrem Kind auch zum Spielen geben.

WENN ES DRAUSSEN DUNKEL WIRD

Material:
Ein Himmel über dem Kinderbett
oder ersatzweise ein dunkles Tuch,
Neonsterne, die im Dunkeln eine Zeit lang
weiterleuchten (gibt es in Spielwarenläden
oder auch im Buchhandel),
eine Taschenlampe

So wird´s gemacht:

Die Sterne werden mit der Taschenlampe
angeleuchtet. Dann klebt man sie unter den
Betthimmel oder auf das dunkle Tuch. Wenn
das Kind nun schlafen geht, wachen noch
die Sterne eine Weile über ihm ...

TIPP:

Falls Ihr Kind Schwierigkeiten beim Ein-
schlafen hat, können Sie auch mit Hilfe von
meditativer Musik versuchen, es zur Ruhe
zu bringen (zum Beispiel mit „Kinderträu-
meland" von Detlev Jöcker, Menschenkinder Verlag). Auch eine Duftlampe mit rei-
nem ätherischen Öl kann hilfreich sein.

Folgende Öle eignen sich beispielsweise:

Römische Kamille	*beruhigt - gegen Angstträume - besonders gut für die Kinderduftlampe*
Lavendel	*beruhigt - entkrampft - lindert seelischen und körperlichen Schmerz - gegen Angst*
Mandarine	*entspannt - macht fröhlich - gegen Schlaflosigkeit - besonders beliebt bei Kindern*
Orange	*gegen Nervosität und Stress - stimmt fröhlich - bei Einschlafstörungen geeignet*
Neroli	*gegen Schlaflosigkeit - lindert seelische Schocks und unbewusste Ängste*
Melisse	*gegen Alpträume - lindert nervöse Anspannung - verhilft zu innerer Ausgeglichenheit*

Mögliche Einschlaf-Mischungen für die Duftlampe:

3 Tropfen römische Kamille
3 Tropfen Orange
3 Tropfen Mandarine

oder: 3 Tropfen Lavendel
3 Tropfen Melisse
2 Tropfen Neroli

SCHMETTERLING, WO FLIEGST DU HIN?

Material:
Leere Toilettenpapierrollen,
Regenbogenpapier, Schere, Klebstoff,
etwas Tüll, Pfeifenputzer, Nylonschnur

So wird´s gemacht:

Die Toilettenpapierrolle wird rundherum mit dem bunten Regenbogenpapier beklebt. Dann hält man die Rolle hochkant und sticht mit der Schere etwa auf mittlerer Höhe 2 nebeneinander liegende Löcher hinein. Dort hindurch zieht man je ein Stück Tüll und lässt dem Schmetterling auf diese Weise zarte Flügel wachsen. Zum Schluss pikst man an einem Ende der beklebten Rolle 2 kleine Löcher direkt nebeneinander. Daran befestigt man jeweils ein kleines Stück Pfeifenputzer als Fühler. Wenn man nun noch einen Faden an dem kleinen Schmetterling befestigt, kann man damit ein Fenster schmücken oder ihn einfach an eine Lampe oder die Zimmerdecke hängen.

TIPP:

Je mehr Schmetterlinge aufgehängt werden, desto schöner sieht es aus. Vielleicht haben Sie auch Lust, noch die richtige Landschaft dazu zu gestalten. Beispielsweise können Sie an das Fenster eine schöne Sonne und eine Blumenwiese malen oder mit Hilfe von Krepppapier und Tapetenkleister darankleben.

Wenn Sie Ihre Schmetterlinge über das Kinderbett oder an die Decke hängen möchten, sehen dazu noch ein Zweig oder einige aus Tonpapier ausgeschnittene Wolken hübsch aus.

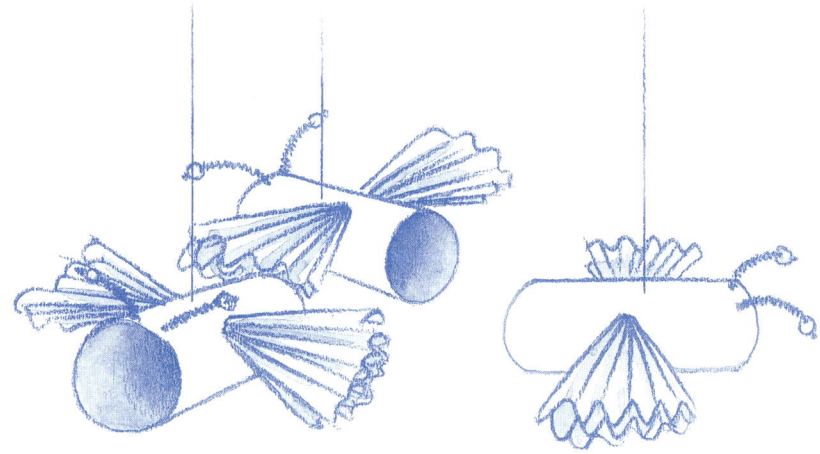

BIENCHEN, SUMM HERUM

Material:
Schwarze Holzperlen, weißes Krepppapier
oder ersatzweise weißer Tüll,
Schere, Nylongarn,
schwarze und gelbe Pfeifenputzer

So wird´s gemacht:
Pro Biene schneidet man je ein 10 cm langes
Stück schwarzen und gelben Pfeifenputzer
ab. Diese werden nebeneinander gelegt
und dann ineinander verdreht. Das ist nun
der gestreifte Bienenkörper. Etwa auf mittlerer Höhe steckt man ein quadratisches
Stück Krepppapier oder Tüll als Flügel dazwischen und verdreht die Pfeifenputzer
noch ein weiteres Mal miteinander, damit
die Flügel gut befestigt sind. Die noch of-
fenstehenden Enden der Pfeifenputzer bilden die Fühler, auf die man jeweils eine
schwarze Perle klebt oder eindreht. Nun
können die Bienchen an einem beliebigen
Ort aufgehängt werden.

TIPP:
Diese Bienchen sind sehr leicht herzustel-
len. Sie können sie schon mit Kindern ab etwa 2 Jahren gemeinsam basteln.

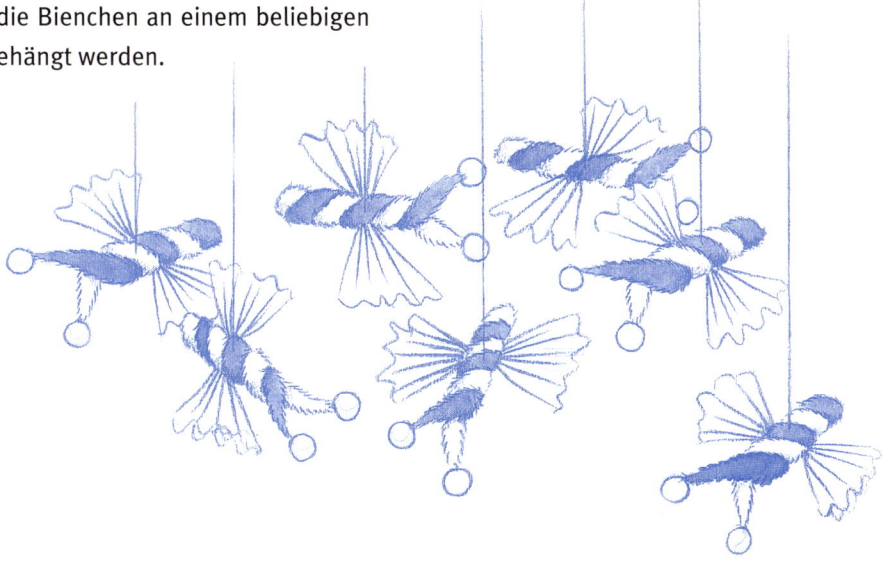

Dreh dich, kleiner Kreisel

Material:
Schere, Nylongarn,
Stecknadeln, farbiger Tonkarton

So wird´s gemacht:
Aus dem Tonkarton wird ein Kreis ausgeschnitten, der wiederum spiralförmig von
außen nach innen eingeschnitten wird. Am
inneren Ende befestigt man einen Faden
und hängt das Ganze mit Hilfe der Stecknadel an die Zimmerdecke. Durch die Luftzir-
kulation dreht sich die selbst gebastelte
Spirale wie ein kleiner Kreisel!

Tipp:
Besonders schön wirken diese Kreisel,
wenn Sie sie in verschiedenen Farben und
Größen aufhängen.

Himmelskette

Material:
Weißer, gelber und blauer Tonkarton,
Schere, Nylongarn, Stecknadeln

So wird´s gemacht:
Aus dem Tonkarton werden verschiedene
Himmelskörper ausgeschnitten: Sonne,
Mond, Sterne, Wolken u.Ä. Diese fädelt man
in einigem Abstand auf das Nylongarn und
befestigt die so entstandene „Himmels-
kette" an der Zimmerdecke oder einem anderen beliebigen Ort. Man kann daraus eine einzige lange Girlande machen, die quer
durch das Kinderzimmer gespannt wird,
oder aber mehrere kleine „Himmelsketten", die von der Decke baumeln.

Tipp:
Hängen Sie diese Himmelsketten nebeneinander an ein Fenster. Durch die aufstei-
gende warme Heizungsluft werden sich die
einzelnen Himmelskörper munter drehen.
Im Winter können Sie diese Ketten auch
passend zur Jahreszeit nur aus kleinen
Schneeflocken, Eiskristallen oder goldenen
Sternen herstellen!

66

KLINGENDER GEIST

Material:
Eine Styroporkugel, ein weißes Chiffontuch,
Stoffmalstift, Nylonschnur, eine Stecknadel,
kleine Glöckchen, eine Nähnadel,
weißes Nähgarn

So wird´s gemacht:

Die Styroporkugel (ersatzweise auch eine Wattekugel) bildet den Kopf des „klingenden Geistes". Darüber hängt man das Chiffontuch und malt dem Geist mit dem Stoffmalstift ein lustiges Gespenstergesicht. Zum Schluss näht man an das Tuch noch einige kleine Glöckchen, die lustig klingen und bimmeln, wenn der Geist bewegt wird. Man kann ihn mit Hilfe einer Nadel über dem Wickeltisch oder auch im Auto neben dem Kindersitz befestigen.

TIPP:

Falls Sie diesen klingenden Geist Ihrem Kind zum Spielen geben möchten, sollten Sie die Styroporkugel so in das Tuch einnähen, dass sie nicht herausfallen und verschluckt werden kann! Auch die Glöckchen sollten in diesem Fall so fest angenäht werden, dass Ihr Kind sie nicht abreißen kann!

Übrigens können Sie diesen klingenden Geist auch aus einem weißen Stofftaschentuch, einem weißen Stück Stoffrest, Tüll oder weißem Seidenpapier herstellen.

ES KLINGELT UND BIMMELT

Material:
Buntes Krepppapier, kleine Glöckchen
oder Schellen, eine Nähnadel, Nähgarn,
Stecknadeln, Schere

So wird´s gemacht:

Aus dem Krepppapier werden ca. 4 cm breite Streifen geschnitten. An jeweils ein Ende
wird ein kleines Glöckchen oder eine Schel-
le genäht. Das andere Ende des Krepppa-
pierstreifens wird mit Hilfe einer Stecknadel
an der Zimmerdecke befestigt. Wenn man
zahlreiche bunte Streifen mit Glöckchen
versehen und aufgehängt hat, ist dies ein
wunderschöner Blickfang für das Kind, der
zudem im Luftzug zart zu klingen beginnt.

TIPP:

Anstelle des Krepppapiers können Sie auch
aus Stoffresten breite, bunte Streifen
schneiden.

Zum Kindergeburtstag beispielsweise können Sie das Ganze auch an einen Stroh-
kranz oder kleineren Styroporreifen hängen. Über dem Geburtstagstisch ange-
bracht ist dies ein gelungener Festschmuck!

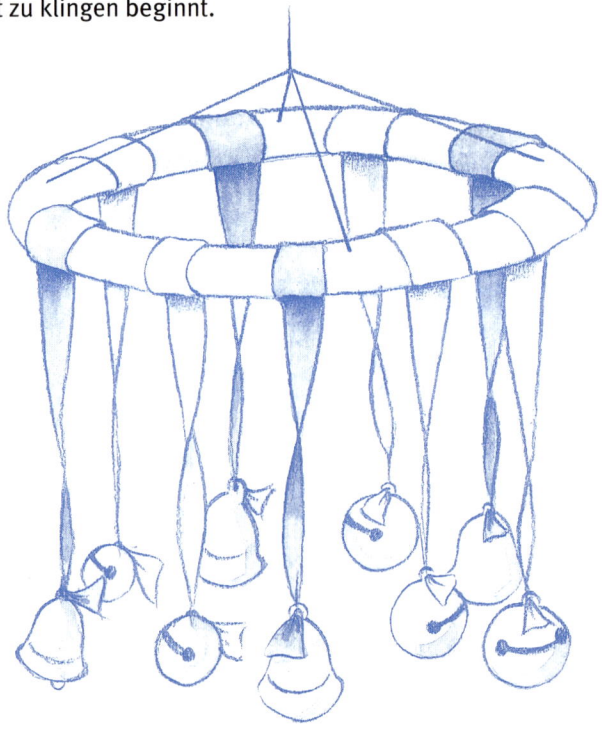

FÜHLEN, SEHEN, HÖREN

TASTSÄCKCHEN

Material:
Stoffreste, Nadel und Faden,
Füllmaterialien (zum Beispiel kleine Steine,
getrocknete Kastanien, Reis,
kleine Legosteine, Watte, Muscheln,
Perlen, kleine Glöckchen, Murmeln u.Ä.)

So wird´s gemacht:

Aus den Stoffresten werden 6-8 cm große Hüllen genäht, die man jeweils mit einem Material füllt. Dann werden die letzten, offenen Seiten gut vernäht, so dass nichts herausfallen und vom Kind verschluckt werden kann. Fertig sind die Tastsäckchen! Wer errät ihren Inhalt?

TIPP:

Für diese Säckchen können Sie auch ganz kleine Stoffreste noch gut verwenden. Falls Ihr Kind Spielmaterial gern in den Mund nimmt, sollten Sie die Stoffreste vor dem Nähen waschen.

Übrigens sind diese Tastsäckchen nicht nur für kleine Kinder interessant. Auch die „Großen" im Kindergartenalter haben ihren Spaß daran!

SCHÜTTELBECHER

Material:

Kleine, verschließbare Jogurtbecher
oder leere Filmdosen (für ganz kleine Kinder),
Füllmaterialien (beispielsweise Perlen, Zucker, Reis,
Glöckchen, Kieselsteine, Sand, Murmeln u.Ä.),
Klebstoff oder Klebeband

So wird´s gemacht:

In die sauberen Gefäße wird etwas von den oben genannten Materialien gefüllt. Pro Gefäß sollte nur ein einziges Material verwendet werden, damit sich die Schüttelgeräusche deutlich voneinander unterscheiden. Schließlich werden die Gefäße mit starkem Klebstoff oder Klebeband gut verschlossen.

TIPP:

Die Gefäße sollten so groß sein, dass auch Babys sie problemlos in die Hände nehmen können. Sie können von den Kindern in der Hand geschüttelt oder auch hin und her gekullert werden.

Es reicht übrigens aus, wenn der Gefäßboden gerade bedeckt ist. Denn sind die Becher zu voll, können die Kinder den Klang nicht mehr so gut wahrnehmen.

AUSSERGEWÖHNLICHE BAUKLÖTZE

Material:
Einige Bauklötze aus Holz
in der Größe einer Kinderhand, Klebstoff,
Schere, Materialien zum Beziehen
(Filz, Schmirgelpapier, Fell, Teppich-, Leder-
oder Stoffreste, Strukturtapete,
Wellpappe usw.)

So wird´s gemacht:
Jeweils ein Material wird in der Größe des Bauklotzes zurechtgeschnitten und gleichmäßig mit Klebstoff bestrichen. Dann bezieht man den Klotz damit und lässt den Klebstoff gut trocknen. Eventuell müssen einige Ecken noch einmal nachgeklebt werden.

TIPP:
Sie können die Bauklötze auch mit mehr als einem Material bekleben, so dass sich jede Seite anders anfühlt!

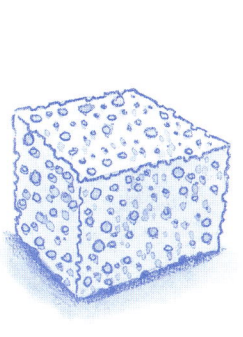

PERLENTROMMEL

Material:

Eine runde, durchsichtige Plastikdose mit Deckel,
einige bunte Holzperlen oder Glasmurmeln,
breites Klebeband oder Klebstoff

So wird´s gemacht:

In die saubere Dose werden die bunten Perlen gefüllt. Dann klebt man den Deckel so fest, dass er sich nicht öffnen lässt.

Das Kind kann diese Dose auf dem Boden hin und her kullern oder sie als Trommel benutzen. Dann hüpfen die bunten Perlen munter umher und lassen ein leises Klickern hören!

TIPP:

Die Perlen oder Murmeln dürfen ruhig kunterbunt und auch verschieden groß sein. Das erhöht den Anreiz!

KALEIDOSKOP

Material:

Eine kleine durchsichtige Röhre
(beispielsweise eine kleine Plastik-Architektenröhre
aus dem Schreibwarenladen), Glimmer, bunte Pailletten,
kleine Spiegelsteinchen aus dem Bastelladen, Klebstoff

So wird´s gemacht:

In die Röhre werden so viel Glimmer, Pailletten und Spiegelsteinchen gefüllt, dass der Boden gerade bedeckt ist. Dann verschließt man die Röhre und klebt Sie fest zu, damit sich das Kind nicht an den Kleinteilen verschlucken kann! Wenn man die Röhre nun gegen das Licht hält und etwas dreht, entstehen wunderschöne Muster!

TIPP:

Diese Idee eignet sich erst für Kinder etwa ab dem 12. Monat. Übrigens kann man diese Röhre auch aus einer Papprolle und Transparentpapier, mit dem man die offenen Enden überzieht, herstellen; sie ist dann aber nicht ganz so stabil und „kindersicher". Eine solche Rolle sollten Sie Ihrem Kind nur in Ihrem Beisein zum Spielen überlassen!

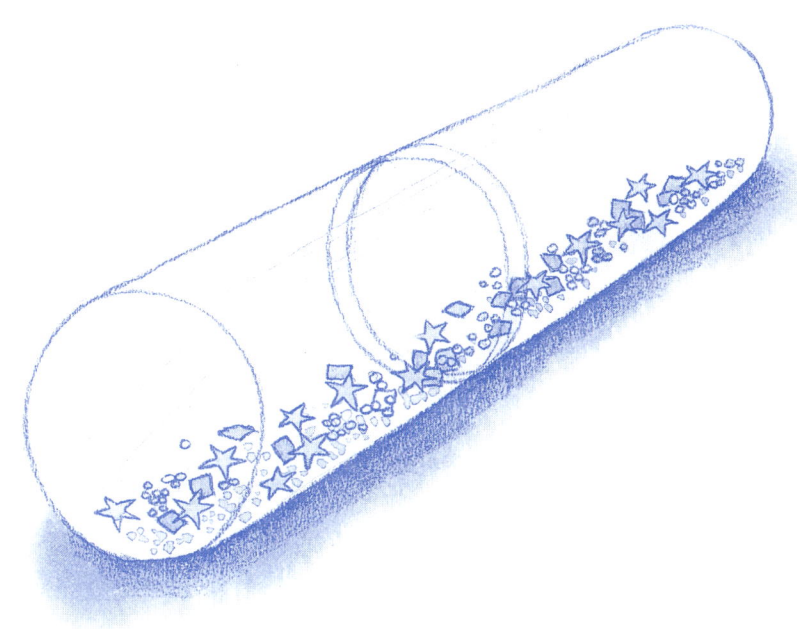

SCHÜTTELGLAS

Material:
Ein kleines Glas mit Deckel,
wasserfester Klebstoff,
Wasser, Glimmer, Pailletten,
einige Muscheln o.Ä.

So wird´s gemacht:

In das restlos (!) gesäuberte Glas gibt man einige kleine Muscheln, bunte Pailletten und Glimmer. Danach wird es ganz mit Wasser aufgefüllt und der Deckel sorgfältig festgeklebt. Nun sollte das Glas noch einen Tag zum Trocknen weggestellt werden.

Wenn das Kind das Glas dann schüttelt, bewegt sich das Innere ganz sanft hin und her!

TIPP:

Sie können das Schüttelglas auch mit anderen Materialien füllen, die aber stets wasserfest sein müssen! Achten Sie auch darauf, dass das Glas nicht zu groß ist, da es durch das Wasser recht schwer wird.

HINWEIS:

Keinesfalls darf Ihr Kind auf hartem Untergrund wie Fliesen o.Ä. spielen. Sonst geht das Glas zu Bruch und die Scherben sind gefährlich.

DIE KRAKE

Material:
Ein Gardinenring aus Holz, Kordel,
Schere, bunte Holzperlen

So wird´s gemacht:

Von der Kordel schneidet man einige etwa 15 cm lange Stücke ab. Nun wird das erste Kordelstück um den hölzernen Gardinenring gebunden. An die Kordelenden knotet man eine bunte Holzperle. Die Knoten müssen so fest sein, dass das Kind sie nicht lösen kann! So wird nun Kordelstück für Kordelstück um den Gardinenring gebunden, bis daraus eine lustige „Krake" geworden ist.

TIPP:

Anstelle der Kordel können Sie auch bunte oder schwarze Lederschnüre nehmen. Diese fühlen sich angenehmer an, kosten allerdings auch etwas mehr.

EIN KLINGENDER BALL AUS PAPPMASCHEE

Material:
Ein kleiner runder Luftballon,
Zeitungspapier, Schüssel,
Schneebesen, Tapetenkleister,
ein nicht zu kleines Glöckchen
oder mehrere Holzperlen
oder Glasmurmeln in verschiedenen Größen

So wird´s gemacht:

Das Glöckchen, die Perlen oder die Glasmurmeln werden in den Luftballon gesteckt. Dann wird dieser etwas aufgeblasen. Der Ballon sollte aber nicht zu groß sein, damit das Kind ihn noch greifen, kullern und mit den Händen aufnehmen kann. Jetzt knotet man den Ballon fest zu.

Der Tapetenkleister wird laut Packungshinweis angerührt. Dann muss er einige Minuten ziehen. In der Zwischenzeit kann man das Zeitungspapier in kleinere Stücke reißen. Nun wird eine Schicht Kleister auf den Ballon aufgetragen, auf die einige Zeitungsstücke geklebt werden. Dann wird wieder Kleister aufgetragen und so fort, bis der Luftballon rundherum gut beklebt ist. Jetzt wird er über Nacht an einem warmen Ort gut trocknen gelassen.

Wenn das Zeitungspapier ganz durchgetrocknet ist, kann man vorsichtig prüfen, ob genügend Schichten geklebt wurden. Der Ballon darf nicht sofort einknicken oder reißen, wenn man ihn anfasst und bewegt. Schließlich soll er doch kleinen Krabbel-

händen standhalten! Ggf. muss man noch einmal ans Werk gehen und in gleicher Weise weitere Schichten um den Ballon kleben. Ist alles ganz trocken und fest, kann mit dem klingenden Ball gekullert, geworfen, gespielt und gerappelt werden!

TIPP:

Sie können sich die Arbeit etwas vereinfachen, wenn Sie um den Luftballon eine Kordel binden und ihn an der Decke befestigen. Auch zum Trocknen können sie ihn so hängen lassen. Leider erfordert diese Bastelidee etwas mehr Zeit. Aber die Mühe lohnt sich: Der selbst hergestellte Ball wird Ihr Kind begeistern! Einen zusätzlichen Anreiz schaffen Sie, wenn Sie den Ball mit buntem Seidenpapier bekleben.

KLAPPERRÖHRE

Material:
Papprollen, Zeitungspapier, Tapetenkleister,
Schneebesen, Schüssel, Füllmaterial wie Glöckchen,
Perlen, Reis, kleine Steinchen, Murmeln o.Ä.

So wird´s gemacht:

Der Tapetenkleister wird laut Packungs-
vorschrift angerührt. Dann reißt man das
Zeitungspapier in etwa 4 cm breite Streifen.
Die Papierstreifen tunkt man in den Kleister
und verklebt damit ein Ende der Papprolle.
Es sollten mehrere Schichten übereinander
geklebt werden, damit das Ende wirklich
gut verschlossen ist. Nun lässt man das
Ganze über Nacht trocknen.

Dann gibt man etwas von dem gewünsch-
ten Füllmaterial hinein. Schließlich wird
auch die zweite Öffnung der Papprolle in
gleicher Weise wie die erste verschlossen.
Wieder lässt man alles gut trocknen.

Jetzt kann mit der Röhre nach Herzenslust
geklappert und gerappelt werden!

TIPP:

Stellen Sie am besten mehrere Rollen und
Röhren gleichzeitig her. Das spart Zeit und
ermöglicht Ihrem Kind außerdem, verschiedene Klänge zu vergleichen und auszuprobieren!

Wenn Ihnen der Aufwand mit Kleister und
Zeitungspapier zu groß ist, können Sie die
Rollenenden notfalls auch mit breitem Tesa-
band o.Ä. zukleben.

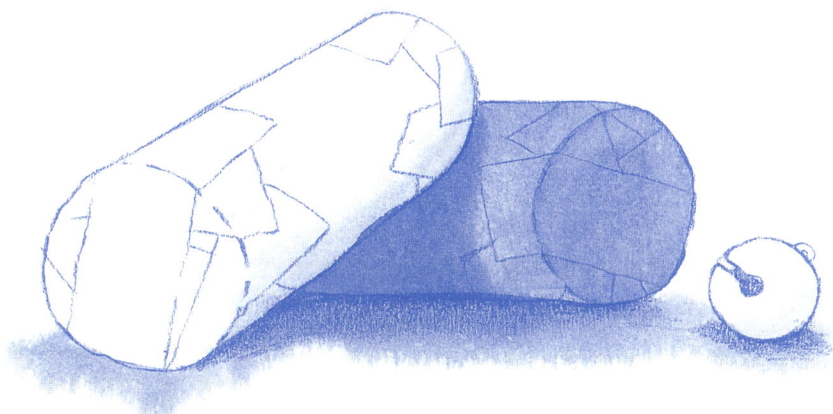

EIN RASSELNDER PERLENSTAB

Material:
Rundholz mit einem Durchmesser von etwa 3 cm
und einer Länge von 10-15 cm, Handbohrer, Kordel,
Holzperlen, Schere, evtl. Glöckchen

So wird´s gemacht:

An einem Ende des Rundholzes wird mit Hilfe des Handbohrers ein Loch in das Holz gebohrt. Dort hindurch zieht man ein Stück Kordel, an dessen Enden man die Holzperlen oder Glöckchen befestigt. So kann die Kordel nicht mehr durch das Loch rutschen. Es werden so viele Kordelstücke wie möglich durch die Öffnung im Rundholz gezogen und jeweils Perlen oder Glöckchen daran befestigt. Je mehr es sind, desto toller rasselt und klingt der Stab, wenn die Kinder ihn drehen und schütteln!

TIPP:

Falls Sie eine elektrische Bohrmaschine haben, können Sie auch damit das Loch bohren; das geht schneller und einfacher. Oder Sie fragen schon beim Kauf im Baumarkt o.Ä. nach, ob man Ihnen ein Loch hineinbohren kann.

KLINGELNDER RIESENBALLON

Material:
Ein riesiger Luftballon
mit einem Durchmesser von mind. 90 cm,
einige Tischtennisbälle,
evtl. eine Luftballonpumpe

So wird´s gemacht:
In den Luftballon füllt man etwa 6-8 Tischtennisbälle. Dann wird der Ballon aufgeblasen oder -gepumpt, bis er schön rund, aber
nicht zu prall ist. Jetzt noch zuknoten - fertig
ist der klingelnde Ballon! Die Kinder können
ihn hinter sich herziehen, ihn kullern, werfen und vieles mehr. Die Tischtennisbälle
im Inneren machen dabei tolle Geräusche!

TIPP:
Falls Sie keine Tischtennisbälle zur Verfügung haben, können Sie auch kleine Watte-
oder Styroporkugeln oder große Holzperlen in den Ballon füllen.
Ein solcher Riesenballon ist übrigens sehr
stabil und hält lange. Wenn Sie ihn nicht allzu fest zuknoten, können Sie ihn auch ab
und zu mit neuer Luft auffüllen.

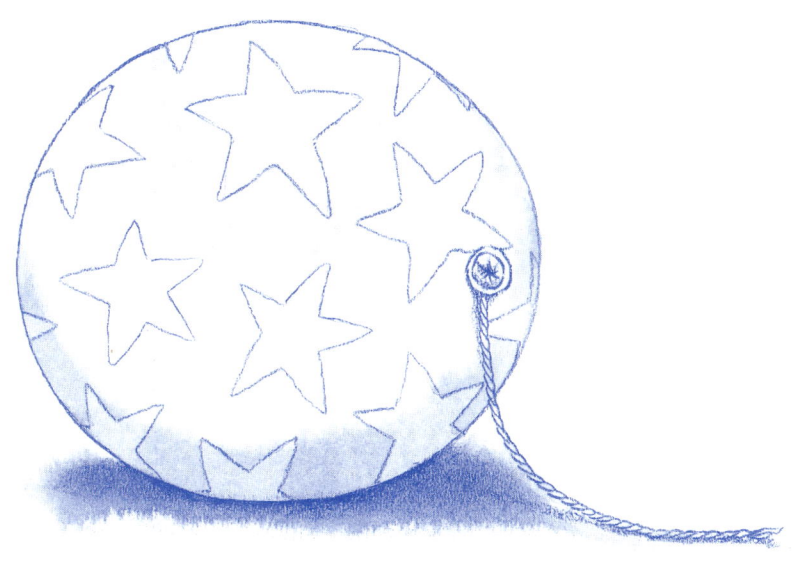

Spielmaterial zum Nulltarif

Der Zeitungsberg

Material:
Alte Tageszeitungen

So wird´s gemacht:

Die Zeitungen werden alle auf einen Haufen geworfen. Nun kann sich das Kind nach Herzenslust austoben. Das Papier darf zerrissen und zerknüllt werden oder man wedelt damit durch die Luft und erzeugt Wind! In jedem Fall wird es herrlich rascheln und knistern ...

Tipp:

Damit Ihr Kind auch wirklich eine Weile beschäftigt ist, sollten Sie es in aller Ruhe gewähren lassen und es in seinem Spiel nicht stören. Räumen Sie erst dann auf, wenn Ihr Kind keinerlei Interesse mehr am Zeitungsberg zeigt.

Bei ganz kleinen Kindern, die noch alles in den Mund stecken, sollten sie statt der Zeitungen farbloses Seiden- oder Packpapier nehmen. Achten Sie stets darauf, dass das Papier keine scharfen Ränder aufweist, an denen man sich schneiden kann.

EIN KATALOG GEGEN LANGEWEILE

Material:
Ein dicker alter Katalog
(zum Beispiel von einem Versandhaus)

So wird´s gemacht:
Auch ein alter Katalog ist ein gutes Mittel gegen Langeweile. Das Kind kann darin herrlich blättern und sich die vielen bunten Bilder betrachten. Natürlich kann es auch hier die Seiten ausreißen, sie zerknüllen, damit knistern usw.

TIPP:
Setzen Sie Ihr Kind mit dem Katalog auf eine große Decke oder ein Betttuch. So können Sie später die Papierschnipsel und ausgerissenen Seiten schneller beseitigen.

EIN PAKET MIT TASCHENTÜCHERN

Material:
Ein Paket Papiertaschentücher

So wird´s gemacht:
Während einer Autofahrt, im Wartezimmer beim Arzt oder auch einfach zu Hause kann eine Packung Taschentücher schnell und einfach die Zeit vertreiben helfen. Die Plastikverpackung ist meist bunt und knistert geheimnisvoll, wenn man sie drückt. Auch die Taschentücher selbst kann man wunderbar zerpflücken, um die kleinen Papierfetzen zu Boden segeln zu lassen.

TIPP:
Das Papier lässt sich schnell aufkehren oder wegsaugen. Im Auto oder Wartezimmer ist das natürlich nicht möglich, weshalb man es hier beim Öffnen und Schließen der Packung bewenden lassen sollte.

EINE ROLLE KLOPAPIER

Material:
Toilettenpapier

So wird´s gemacht:
Jedes Kind ist begeistert, wenn man ihm eine Rolle Klopapier überlässt. Ab- und wieder aufwickeln, kullern lassen und dabei eine Papierbahn hinter sich herziehen, Gegenstände einwickeln – die Kinder werden noch viel mehr Ideen haben!

TIPP:
Nehmen Sie kein buntes oder bedrucktes Papier. Denn darin sind meist Farbstoffe und andere Dinge enthalten, die nicht in einen Kindermund gehören.
Übrigens: Auch während für Kinder oft langweiligen Autofahrten wirkt eine Rolle Klopapier wahre Wunder!

WASSERBEUTEL

Material:
Ein Gefrierbeutel, Wasser

So wird´s gemacht:
Der Gefrierbeutel wird mit etwas Wasser gefüllt und mit einem festen Knoten dicht verschlossen. Kinder können diesen Wasserbeutel werfen oder kullern, sie können hineinkneifen oder, wenn der Beutel stabil genug ist, sogar hineinbeißen!

TIPP:
Ein 1-Liter-Beutel ist in der Regel ausreichend. Wenn Ihr Kind schon 1 Jahr oder älter ist, können Sie auch in einen Beutel eiskaltes Wasser und in einen zweiten warmes Wasser füllen. So kann es mit den jeweiligen Temperaturen „experimentieren".
Wer mag, kann das Wasser noch durch etwas Kirschsaft, Lebensmittelfarben o.Ä. bunt färben.

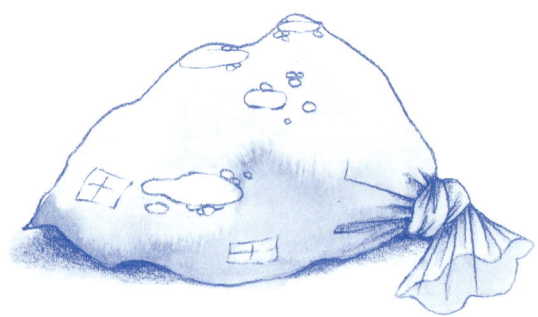

MÜLLTÜTENKNISTERSPASS

Material:
Eine 20-Liter-Mülltüte

So wird´s gemacht:
Die Mülltüte wird einfach mit Luft gefüllt und fest zugeknotet. So entsteht ein federleichter Ball, der zudem noch herrlich knistert!

TIPP:
Tüten sind gerade bei kleineren Kindern ein begehrtes Spielzeug. Überlassen Sie sie ihnen jedoch nur in ihrem Beisein, denn sonst droht Erstickungsgefahr, wenn sich die Kinder die Tüte versehentlich über den Kopf ziehen!

WACKELPUDDING

Material:
Luftballons, Wasser

So wird´s gemacht:
Die Ballons werden mit Wasser gefüllt, so-
dass sie etwa die Größe eines Tischtennis-
balles haben. Dann knotet man sie fest zu
und fertig ist der Wackelpudding!

TIPP:
Hierfür eignen sich ganz normale, runde
Ballons am allerbesten!

ROLLEN, KISTEN, SCHACHTELN

Material:
Papprollen und -röhren,
kleine Kartons, Schachteln o.Ä.

So wird´s gemacht:
Viel zu schade zum Wegwerfen: Rollen und
Röhren aus Pappe, zum Beispiel vom Toilettenpapier, lassen sich wunderbar am Boden hin und her kullern; man kann sie aneinander schlagen oder Holzkugeln und
kleinere Bälle durchrollen lassen. Kleine
Kartons und Schachteln können die Kinder
aufeinander türmen, sie können ihr Spielzeug darin verstecken oder dazwischen um-
herkrabbeln u.v.m.

TIPP:
Leider haben viele Dinge, die wir kaufen, einen Karton als Umverpackung. Diese sind
jedoch in der Regel recht stabil und lassen
sich somit hervorragend zum Spielen „wie-
derverwenden"!

TUNNEL, BUDE, KRABBELRÖHRE

Material:
Messer, größere Pappkartons und Kisten,
runde Waschmittelverpackungen

So wird´s gemacht:
Die Kartons werden mit Hilfe eines scharfen
Messers oder Teppichschneiders in richtige
Spielhäuser verwandelt. Damit wird im Nu
das Kinderzimmer zu einem kleinen Aben-
teuerspielplatz. Die Kinder verstecken sich
in den kleinen Häusern, krabbeln durch sie
hindurch, bauen sich einen „Irrgarten"
u.v.m.

TIPP:
Besonders gut kommt diese Idee an, wenn
draußen schlechtes Wetter ist. Mit den Kar-
tonbuden hat Ihr Kind auch in dem eigent-
lich bekannten Kinderzimmer einiges zu
entdecken und auszuprobieren!

ES KNISTERT UND RASCHELT

Material:
Folien, Verpackungsmaterial,
Papier, Stoffreste u.Ä.

So wird´s gemacht:
Dem Kind werden verschiedene Folien, Verpackungsmaterial, Papierarten o.Ä. ange-
boten. nun darf es ausprobieren und experimentieren, welches Material welche
Geräusche macht, wie sich was anfühlt usw.

TIPP:
Verwahren sie solche kleinen Dinge in einem Schuhkarton auf. Dieser nimmt kaum
Platz weg, passt in jedes Regal und Sie haben immer alles sofort zur Hand!

ICH SITZ' IN MEINEM HAUS UND SEH' ZUM FENSTER RAUS

Material:
Ein großer,
geräumiger Karton,
Teppichmesser, Kissen,
Decken, evtl. Bettlaken
und eine Lichterkette

So wird´s gemacht:

Mit dem Teppichmesser ritzt man kleine Luken, Fenster, Gucklöcher und eine Tür in den Karton. In dieses „Haus" können sich die Kinder hineinverkriechen und zurückziehen. Mit einigen Kissen im Innern wird's noch gemütlicher. Auch kann man noch große, eingefärbte Bettlaken über den Karton decken und eine Lichterkette darüber hängen. So können die Kinder im Dunkeln krabbeln und nach den „Sternen" greifen!

TIPP:

Sie können dieses Haus zusätzlich mit ungiftigen Tempera- oder Fingerfarben anmalen. Dann sieht es auch von außen einladend aus.

Übrigens sind diese selbst hergestellten Spielhäuser nicht nur preiswerter, sondern meist auch stabiler als die gekauften. Und wenn Sie Ihr Kind an der Gestaltung beteiligen, wird die Begeisterung in jedem Fall groß sein!

WÄSCHEKORB UND VIELE KLAMMERN

Material:
Ein Wäschekorb, ein kleiner Beutel
oder eine Schachtel mit Wäscheklammern

So wird´s gemacht:

Beim Wäscheaufhängen kommen stets kleine Krabbelhände und möchten unbedingt mithelfen. Hier können ein leerer Wäschekorb und ein Stoffbeutel mit Wäscheklammern für Ablenkung sorgen. In dem Wäschekorb fahren die Kinder „Boot", sie schieben oder ziehen sich oder setzen sich einfach nur hinein. Und wenn das langweilig wird, nehmen sie die Klammern aus dem Beutel, um sie sorgfältig Stück für Stück wieder einzusortieren.

TIPP:

Zusätzlich können Sie Ihrem Kind ein trockenes Gästehandtuch o.Ä. geben. Dann kann es daran einige Wäscheklammern befestigen und wird so eine Weile beschäftigt sein.

Oder Sie knipsen an die Kleidung Ihres Kindes einige Klammern, von denen es sich wieder „befreien" muß.

TOBEKISSEN - WACKELBURG

Material:
Einige Kopfkissenbezüge
in verschiedenen Größen,
eine gute Ballonpumpe,
zahlreiche runde Luftballons

So wird´s gemacht:

Die Ballons werden nicht zu prall aufgepumpt und gut (!) zugeknotet. Es ist wichtig, dass die Ballons nicht zu viel Luft enthalten, da sie sonst zu schnell kaputtgehen und sich nicht für diese Spielidee eignen.

Nun werden die aufgepumpten Luftballons in die Kissenbezüge gesteckt und diese zugeknöpft. Fertig sind die Tobekissen: Die Kinder können damit werfen, sich daraufschmeißen, im Sitzen darauf herumwackeln, sich damit umherkugeln und vieles mehr!

TIPP:

Diese Ballonkissen sind äußerst stabil und belastbar. Selbst als Erwachsener können Sie sich dort hineinkuscheln, ohne dass die Luftballons kaputtgehen! Meist hält so ein gefülltes Kissen mehrere Monate.

Stecken Sie jedoch nicht zu viele Ballons in einen einzigen Bezug, denn dann wird das Kissen zu steif und unbeweglich.

Zusätzlich können die Kinder natürlich mit ganz normalen Stuhl-, Sofa-, Kopf- oder sonstigen Zierkissen toben!

(mehr Spielaktionen zu Luftballons finden Sie übrigens in dem Buch:
Sabine Seyffert, „Ein Himmel voller Luftballons", Menschenkinder Verlag ´96)

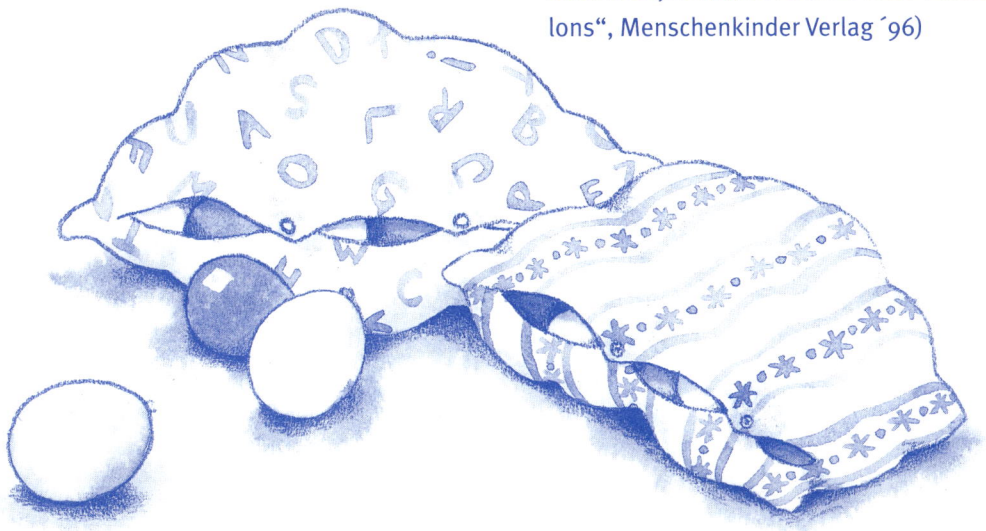

KINDER IN DER KÜCHE

Material:
Küchenutensilien (zum Beispiel Töpfe,
Sieb, Holzlöffel, Schneebesen,
Plätzchenformen u.Ä.)

So wird´s gemacht:

Kleine Kinder möchten immer in der Nähe von Mutter oder Vater sein. Und so ist ein häufiger Platz zum Spielen die Küche. Damit dabei nicht alle Schubladen und Schränke geöffnet werden, gibt man den Kindern am besten Küchenutensilien, an denen sie sich nicht verletzen können. Dinge wie Nudelholz, Plätzchenformen, Schneebesen, Pfannenschieber oder ein kleines Sieb sind vollkommen ungefährlich, aber hochinteressant!

TIPP:

Wenn Ihre Küche sehr klein ist, legen Sie Ihrem Kind einfach eine Decke in die Tür und verteilen die Küchenutensilien darauf.

PLASTIKBECHER, -TASSEN, -TELLER

Material:
Geschirr aus Plastik: Teller, Becher,
evtl. Plastikbesteck u.Ä.

So wird´s gemacht:

Irgendwann um das erste Lebensjahr herum bekommen die Kinder meist große Lust beim Tischdecken mitzuhelfen oder während der Mahlzeiten mit dem Geschirr zu spielen. Damit nicht alle Porzellanteller, Schälchen oder Gläser dabei zu Bruch gehen, kauft man am besten Plastikteller und -becher. Die machen zwar nicht so toll Krach, wenn man mit dem Löffel oder der Gabel darauf haut, aber zum Klappern oder darin Herumrühren eignen sie sich allemal!

TIPP:

Vielleicht haben Sie im Keller noch altes Campinggeschirr. Dieses eignet sich hervorragend zum Spielen und Sie sparen außerdem noch Geld!

WAS IST DENN DAS?

Material:

Einfache Dinge aus dem Haushalt:
Seifenschale, eine saubere Nagelbürste,
Lockenwickler u.a.m.

So wird´s gemacht:

Wenn das nächste Mal beim Spielen Langeweile aufkommt, räumt man einfach das
herkömmliche Spielzeug weg und gibt den
Kindern Dinge aus dem Haushalt: eine Nagelbürste, ein paar Lockenwickler, Schlüssel, Seifenschalen o.Ä. bieten neue Reize.
Besonders kleinere Kinder werden mit Freu-
de danach greifen und die Formen und
Oberflächen ertasten!

TIPP:

Achten Sie nur darauf, dass sich Ihr Kind an
den Materialien nicht verletzen kann. Spitze oder zerbrechliche Gegenstände sind
nicht geeignet!

SELBST GEMACHTE KNETE

Material:
400 g Mehl, 200 g Salz,
2 EL (ca. 11 g) Alaun aus der Apotheke,
500 ml Wasser, 3 EL Öl,
verschließbare Plastikbehälter

So wird´s gemacht:

Das Mehl, das Salz und das Alaunpulver werden in eine Schüssel gegeben und gut miteinander vermischt. Dann bringt man das Wasser zum Kochen, gibt das Öl hinzu und vermengt die Flüssigkeit nach und nach mit der Mehlmasse. Das Ganze wird schließlich so lange geknetet, bis es zu einem geschmeidigen Teig geworden ist.

Die Knetmasse muss unbedingt in luftdicht verschlossenen Dosen o.Ä. aufbewahrt werden, da sie sehr schnell austrocknet.

TIPP:

Die Knetmasse sollten Sie ohne Hilfe der Kinder anrühren und so lange warten, bis sie ganz ausgekühlt ist. Wenn Sie mögen, können Sie sie auch noch mit einigen Tropfen flüssiger Lebensmittelfarbe bunt einfärben. 1-2 Tropfen eines wohlriechenden ätherischen Öls sorgen zusätzlich für frischen Duft; dafür eignen sich beispielsweise Zitronen-, Mandarinen- oder Orangenöl. Übrigens ist diese selbst hergestellte Knetmasse nicht nur wesentlich billiger als die gekaufte, sondern zudem ungiftig, ohne Zusatzstoffe und sie lässt sich sehr gut verarbeiten.

Abschliessende Tipps und Ratschläge

Wenn altes Spielzeug langweilig wird

Auch das interessanteste Spielzeug wird mit der Zeit langweilig . Doch das heißt nicht, dass man deshalb stets neues für viel Geld kaufen muss. Mit einigen Tricks und Kniffen gewinnt auch das alte Spielmaterial schnell wieder an neuem Reiz.

Die Wunderkiste

Material:
Ein stabiler Pappkarton mittlerer Größe, ein scharfes Teppichmesser

So wird´s gemacht:
In den Pappkarton werden mit Hilfe des Teppichmessers auf einigen Seiten kleine Löcher und Öffnungen geschnitten, die so groß sind, dass eine Kinderhand mit einem Spielzeugauto, einer Rassel o.Ä. hindurchpasst. Nun füllt man die Kiste mit verschiedenen, nicht zu großen Spielmaterialien. Anschließend wird die „Wunderkiste" verschlossen und für das Kind gut erreichbar aufgestellt. Es kann nun ständig etwas Neues daraus hervorzuzaubern, mit seinen Händen die Dinge im Kisteninnern ertasten oder etwas von außen hineinstecken.

Selbst das langweiligste Spielzeug wird so auf diese Weise wieder höchst interessant!

Tipp:
Wenn Sie die Wunderkiste auch von außen ansprechend gestalten möchten, können Sie sie mit Abtön- oder Fingerfarbe bemalen. Oder Sie bekleben die Kiste von außen mit unterschiedlichen Materialien wie Schmirgelpapier, Teppichresten, Tapete o.Ä. Dann ist die Wunderkiste für Ihr Kind auch von außen reizvoll!

SPIELZEUGTAUSCH

Material:
Eine Kiste oder ein Pappkarton

So wird´s gemacht:

In die Kiste oder den Karton wird all das Spielzeug gepackt, das dem Kind langweilig geworden ist. Eine Freundin oder Bekannte, die ein Kind etwa im gleichen Alter hat, bittet man, dasselbe zu tun. Beim nächsten Treffen tauschen beide einfach das Spielmaterial aus. So bekommt jedes Kind wieder völlig neues Spielzeug, womit es sich die nächste Zeit sicherlich erst einmal ausgiebig beschäftigen wird!

TIPP:

Wenn es Ihnen lieber ist, können Sie das Spielmaterial auch mit Ihrem Namen versehen, damit Sie nachher nicht den Überblick verlieren, wem was gehört.

EIN PAAR WOCHEN URLAUB

Material:
Eine Kiste oder ein Karton

So wird´s gemacht:
Urlaub tut nicht nur uns sehr gut, sondern auch dem Spielzeug. So werden all die Dinge in eine Kiste gepackt, die das Kind zur Zeit uninteressant findet. Die Kiste verstaut man an einem für das Kind unerreichbaren Ort, zum Beispiel im Schrank oder Regal. Nach 2 Wochen „Urlaub" kehrt das Spielzeug zurück und wird vom Kind begeistert aufgenommen werden!

TIPP:
Wenn Ihr Kind Spielmaterial nicht mehr beachetet, muss es nicht immer daran liegen, dass es zu oft damit gespielt hat. Häufig liegt der Grund einfach darin, dass zu viel Spielzeug vorhanden ist. Die Kinder verlieren den Überblick und können außerdem kaum lernen sich einmal ausgiebig mit einer einzigen Sache zu beschäftigen. So gilt auch bei Kinderspielzeug die Regel: Weniger ist mehr. Also trauen Sie sich ruhig, Dinge für eine Weile wegzuräumen. Nach einiger Zeit sind diese wieder reizvoll und interessant!

GANZ VERSTECKT

Material:
Decken

So wird´s gemacht:
Langeweile kann auch durch Überforderung zu Stande kommen. Dem Kind sollten daher auch im Spielzimmer Rückzugsmöglichkeiten geboten werden, zum Beispiel, indem man ihm kleine Verstecke baut. Mit einer Decke, die man über das Kinderbett oder einen Tisch hängt, hat man ganz schnell und ohne großen Aufwand eine solche Möglichkeit geschaffen. Das Kind kann sich jederzeit in seiner „Höhle" verstecken um auszuspannen, neue Kraft zu tanken oder um zur Ruhe zu kommen.

TIPP:
Die Verstecke müssen wirklich keine großartigen Konstruktionen sein. Gerade Kindern unter zwei Jahren reicht eine Decke, die Sie irgendwo drüberhängen, allemal aus. Hauptsache, die Kinder können sich so an einen ruhigen, gemütlichen Ort zurückziehen, um den vielen Reizen, die permanent auf sie einwirken, zu entfliehen!

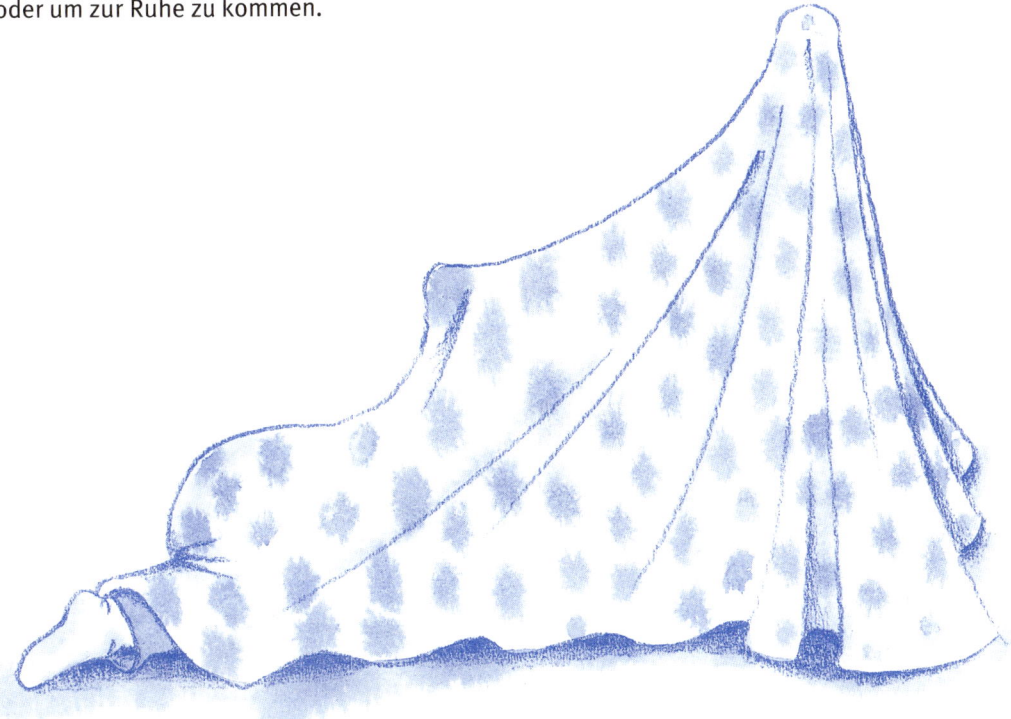

RAUS UND REIN

Material:
Ein Schuhkarton, Teppichmesser,
breites Klebeband

So wird´s gemacht:
Diese Spielidee funktioniert ähnlich wie die „Wunderkiste". Der Deckel des Schuhkartons wird mit dem Klebeband fest an den Karton geklebt. Dann schneidet man eine kinderhandgroße Öffnung in den Deckel hinein und füllt den Karton mit Duplosteinen, Bauklötzen o.Ä. Das Kind kann nun Stück für Stück die Duplosteine aus dem Karton fischen und sie anschließend wieder einsortieren.

TIPP:
Füllen Sie den Karton ab und zu mit neuem Spielmaterial, damit es für Ihr Kind spannend bleibt.
Anstelle des Kartons können Sie auch ein Stoffsäckchen o.Ä. verwenden; Hauptsache, man kann Dinge herausholen und anschließend wieder hineinstecken!

IDEEN ZUM AUFBEWAHREN VON SPIELMATERIAL

Wer kennt das nicht: Schon mittags liegt im Kinderzimmer überall Spielzeug herum, beim Kochen stolpert man über ein Spielzeugauto, beim Tischdecken tritt man auf spitze Legosteine oder Bauklötze.

Um wenigstens etwas Ordnung ins Chaos zu bringen, möchte ich Ihnen zu guter Letzt hierfür noch einige Tipps geben und Vorschläge machen, die nicht nur uns, sondern auch Freunden und Bekannten recht hilfreich waren.

Das Wichtigste: Schaffen Sie sich im Kinderzimmer gute Aufbewahrungsmöglichkeiten für Spielzeug, die **kindgerecht** sind, also von Kindern selbst benutzt werden können:

- Beispielsweise hat es sich bei einigen Familien bewährt, im Kinderzimmer *eine Hängematte* anzubringen, in der sämtliche Puppen und Stofftiere schnell und problemlos verschwinden.

- Große, *stapelbare Kisten oder geräumige Holzkisten mit Deckel* helfen schon kleineren Kindern etwas Ordnung zu halten. Darin kann man beispielsweise Duplo- und Legosteine aufbewahren, Bauklötze, die Holzeisenbahn, Sandspielzeug u.Ä. Meine Töchter helfen hier meist beim abendlichen Aufräumen.

Es macht ihnen großen Spaß das Spielzeug in die Kisten zu werfen!

Nicht in eine solche Kiste gehören allerdings zerbrechliche Spielmaterialien, die besser an einem sicheren, für Kinder unzugänglichen Ort gelagert werden.

- Bunt bemalte oder beklebte *Schuhkartons mit passendem Deckel* lassen sich, gefüllt mit kleineren Teilen wie Babyrasseln, Holzkugeln, kleineren Bälle usw., gut im Schrank oder Regal verstauen.

- In Baumärkten und Möbelgeschäften gibt es *rollbare Kisten*, die man zum Beispiel unter dem Kinderbett verstauen kann. Darin bewahrt man am besten Spielmaterialien auf, die nicht täglich benötigt werden, wie Gesellschaftsspiele o.Ä..

- Lediglich Bücher bewahrt man am besten in einem für Kinder nicht erreichbaren *Hängeregal* auf, wenn man nicht riskieren möchte, dass die Seiten nach kurzer Zeit eingerissen oder die Umschläge arg zerknickt sind. Wenn Ihr Kind ein Buch haben möchte, geben Sie es ihm herunter oder, noch besser, nehmen sich die Zeit, es sich mit ihm gemeinsam anzusehen.

Neben den Aufbewahrungsmöglichkeiten erscheint es mir wichtig, einige Worte zum Aufräumen selbst zu sagen. Bedenken Sie zunächst, dass es ganz natürlich und auch unvermeidbar ist, wenn in einem Haushalt mit einem oder mehreren kleinen Kindern Spielzeug auf dem Boden herumliegt. Schaffen Sie sich dafür auch in anderen als dem Kinderzimmer kleine Hilfen. So können Sie sich beispielsweise für das Wohnzimmer eine kleine Holztruhe besorgen, in der Rasseln, Bälle, Teddys usw. in Windeseile verschwinden, ohne dass Sie sie durch die ganze Wohnung schleppen müssen.

Lassen Sie auch das stündliche Aufräumen sein, sondern machen Sie es sich zur Gewohnheit, nur einmal am Tag Ordnung zu schaffen. Und dabei sollten Ihre Kinder ruhig mithelfen! Das schont nicht nur Ihre Nerven, sondern bringt Ihrem Nachwuchs auch bei, dass nicht nur die Mutter oder der Vater für alles verantwortlich ist.

Vielleicht beziehen Sie das Aufräumen einfach in Ihr abendliches Ritual mit ein; so wird es für die Kinder zur festen Gewohnheit. Außerdem haben Sie in der Nacht den Zimmerboden frei, falls Sie einmal zu Ihrem weinenden Kind müssen. Denn sich im Dunkeln einen Weg durch Duplosteine, Bälle und Holzbausteine zu bahnen ist nicht ganz einfach!

Wenn Ihre Kinder Besuch von anderen Kindern haben, lassen Sie diese ruhig mit aufräumen. Schließlich haben alle Kinder mit den Sachen gespielt und so ist es nur in Ordnung, wenn sie sie auch gemeinsam wieder wegräumen. Auch Ihr Kind sollten Sie dazu anhalten beim Aufräumen mitzuhelfen, wenn es woanders zu Besuch war.

Dies sind natürlich alles nur Vorschläge und Anregungen. Probieren Sie aus, womit Sie und Ihr Kind am besten zurechtkommen, oder fragen Sie vielleicht Freunde und Bekannte, wie es dort gehandhabt wird. Im gemeinsamen Gespräch kommt man manchmal auf die besten Ideen oder, und das ist vielleicht noch viel wichtiger, lernt, dem nächsten Spielzeugchaos gelassener entgegenzublicken.

EIN HIMMEL VOLLER LUFTBALLONS

Ein Spielebuch rund um den Luftballon mit Aktionen zum Toben, Entspannen, für gutes Atmen, Gestaltungsideen mit Ballons u.v.m.
Sabine Seyffert / Menschenkinder Verlag ´96

DSCHUNGELFEST & RITTERPARTY

Ein Buch mit 5 ausgearbeiteten Kinderfesten. Angefangen von pfiffigen Einladungsideen, Dekorationsvorschlägen, Rezepten, Spielaktionen bis hin zu Phantasiereisen, die die einzelnen Feste harmonisch ausklingen lassen, ist alles Wichtige enthalten.
Sabine Seyffert / Menschenkinder Verlag ´96

VIELE KLEINE STREICHELHÄNDE

Ein Buch mit vielen kindgerechten Massagen und Übungen zum Körperbewußtsein für Kinder, ihre Eltern und Pädagogen.
Sabine Seyffert / Menschenkinder Verlag ´97

MEINE WEIHNACHTSZAUBERWELT

Eine Art Adventskalenderbuch. Hierin wird die Geschicht von Nele und ihrem Bruder Florin erzählt, die in diesem Jahr einen ganz besonderen Adventskalender von ihren Eltern bekommen. In dem Kalender stecken nämlich 24 tolle Ideen, wie man die vorweihnachtliche Zeit geniessen und zu einem richtigen Erlebnis werden lassen kann.
Sabine Seyffert / Menschenkinder Verlag ´98

Sabine Seyffert, staatl. anerk. Erzieherin, Entspannungspädagogin, Psychologische Beraterin und Bachblütentherapeutin, arbeitet freiberuflich. Ihr Schwerpunkt liegt in Fortbildungsseminaren für PädagogInnen und Veranstaltungen zu ihren Büchern. Außerdem bietet Frau Seyffert in Zusammenarbeit mit einer Kollegin eine Ausbildung zum Entspannungstrainer für Kinder an. Sie lebt mit ihrem Mann und ihren drei Töchtern in ihrer Heimatstadt Wuppertal.

Wer Interesse an Fortbildungsveranstaltungen oder der Ausbildung zum Entspannungstrainer für Kinder hat, richtet seine Anfrage schriftlich mit 3,- DM in Briefmarken als Schutzgebühr an folgende Anschrift:

Praxis für Entspannungspädagogik
Sabine Seyffert
Schlüssel 122
42329 Wuppertal

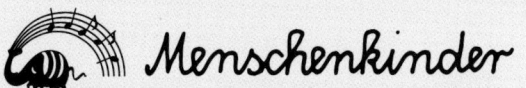

Bücher die Kinder spielend fördern

Christine Rank
Der kleine Yogi ab 3
Kinderleichte Yogastellungen zum Munterwerden. Die Übungen wirken harmonisierend, fördern das Selbstbewußtsein, steigern die Konzentrationsfähigkeit und stabilisieren die Gesundheit.
Buch, 96 S., Hardcover, 2-fbg. illustriert, 17,4 x 22 cm

Sabine Seyffert
Dschungelfest und Ritterparty ab 4
Mit 5 tollen, fix und fertigen Spielgeschichten und 90 Aktionen für Kinderfeste. Inhalt: Basteleien, Rezepte, Tanz- und Geschicklichkeitsspiele, Abenteueraktionen und Phantasiereisen.
Buch, 128 S., Hardcover, fbg. illustriert, 17,4 x 22 cm

Sabine Seyffert
Ein Himmel voller Luftballons ab 4
Kinder brauchen abwechslungsreiche Spiele, die alle Sinne ansprechen. 100 tolle Spielideen nehmen kleine und große Leute mit auf eine Reise durch faszinierende Ballonwelten.
Buch, 108 S., Hardcover, fbg. illustriert, 17,4 x 22 cm

Sabine Seyffert
Viele kleine Streichelhände ab 3
Kinder massieren Kinder. Massagen und Entspannungsübungen mit neuen Liedern von Detlev Jöcker.
Durch die kindgemäßen Übungen in diesem Buch werden Körperwahrnehmung und -bewußtsein auf spielerische Art und Weise gestärkt.
Buch, 96 S., Hardcover, 2-fbg. illustriert, 17,4 x 22 cm

Birgit Kaltenmorgen
Die fröhliche Hüpfkiste ab 2
ist gefüllt mit Bewegungs-, Sing- und Spielideen, die mit einfachen und preiswerten Hilfsmitteln umgesetzt werden können.
Buch, 104 S., Hardcover, 2-fbg. illustriert, 17,4 x 22 cm

Das Krabbelmäuse Liederbuch
100 quicklebendige Spiellieder für die Kleinen

Diese Liedersammlung bietet neben zahlreichen Krabbelhits von Detlev Jöcker auch viele andere der bewährten Spiel- und Bewegungslieder für die Kleinen.
Buch, 110 S., Paperback, 2-fbg. illustriert, 17,4 x 22 cm
MC/CD (Zum Kennenlernen der Lieder werden die 1. Strophe und der Refrain sämtlicher Titel angesungen)

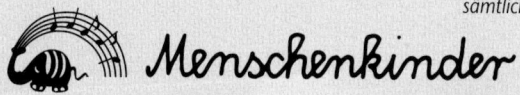

Menschenkinder